玩转微信小店

坚 鹏◎著

ZHEJIANG UNIVERSITY PRESS
浙江大学出版社

图书在版编目（CIP）数据

玩转微信小店 / 坚鹏著. —杭州：浙江大学出版
社，2015.8
ISBN 978-7-308-14966-2

Ⅰ.①玩… Ⅱ.①坚… Ⅲ.①网络营销
Ⅳ.①F713.36

中国版本图书馆CIP数据核字（2015）第177343号

玩转微信小店

坚　鹏　著

责任编辑	杨　茜	
责任校对	於国娟　杨利军	
出版发行	浙江大学出版社	
	（杭州市天目山路148号　邮政编码310007）	
	（网址：http://www.zjupress.com）	
排　　版	浙江时代出版服务有限公司	
印　　刷	浙江印刷集团有限公司	
开　　本	710mm×1000mm　1/16	
印　　张	13.5	
字　　数	164千	
版 印 次	2015年8月第1版　2015年8月第1次印刷	
书　　号	ISBN 978-7-308-14966-2	
定　　价	40.00元	

商机是上帝馈赠给聪明人的礼物。而任何时代都不缺乏商机，在移动互联网时代更是如此。互联网将商业从线下做到线上，实体店、网店成为新时代商人的左膀右臂，共同为他们赚取财富。

商场上的竞争之激烈，不亚于刀光剑影的战场。在大家还顽固地游走在各大商场的时候，马云将电商带入了人们的视野。就在不少人笑话淘宝是一个妄想的时候，淘宝成功了，并且带动了其他电商平台的崛起，让电商领域成为一个广阔的蓝海市场，吸引了众多商业领域的天才，成为众多商人趋之若鹜的对象。从那之后，有关电商的新名词出现在人们的脑中。而淘宝、天猫、京东商城、当当网、国美在线、凡客诚品……一众电商成功地划下了自己的势力范围，使得移动电商领域的争夺战愈演愈烈。

就在马云还在想着如何在这个时刻强调智能的新时代将淘宝转型成"小而美"的电商平台的时候，就在众人还在对微店保持着新鲜感和热情，并期待着移动电商领域给我们带来新惊喜的时候，2014年5月29日，在不断更新的微信新版本中，微信小店横空出世，成为电商领域最大的惊喜，也成为腾讯在移动电商领域布局的正规军。

这是一个新生的电商平台，是腾讯的心血之作，是它在移动电商领域献给人们的礼物。

微信小店让腾讯同阿里巴巴在电商领域的战争更加激烈，它的出现对很多人来说是一件意想不到的事情。

很多人没有想到，看似对电商领域死心的腾讯竟然还有这番大举动。不少人感叹，原来社交平台也可以做生意，甚至可能做成淘宝、天猫这样强大的电商平台。

事实上，在微信成功地进入人们的视野，并成为人们手中不可替代的聊天工具之后，它强大的人气聚集功能已经显示出无穷的潜力。而在大家习惯使用淘宝和天猫之后，微信小店的出现为众多商家和买家进行商品交易提供了新去处，更是让移动电商领域形成两强对垒的格局。

从本质上来说，微信小店同淘宝、天猫一样，是电商平台，但是，它又不同于这些为人们所熟知的电商平台，它是全新的，零门槛、零技术，更符合移动电商领域的新要求。微信小店的高人气、零门槛和零技术，使它为众多人追捧。

微信小店在刚刚推出之时，从"美丽说"到"好药师""印美图"，再到一些小微创业者，这些商家利用微信小店成功地抓住了消费群体，扩大了影响力，使得销售业绩一翻再翻，实现了自己的创业梦。

淘宝推出之后，看着淘宝的人气商家日进斗金，不少人为自己当年没有转变传统的商业模式懊悔不已。此时，微信小店对于他们来说是等同于淘宝的另一次机遇。

也许你没有创业资本，没有技术开发专属于自己的电商模式，可是在腾讯推出微信小店的这一刻，这些都不再是阻碍你创业成功的因素。错过了淘宝,请不要再错过微信小店。

为了让更多的人了解微信小店,在移动电商领域玩转微信小店,本书将从多个角度展示微信小店,深入地分析它的潜力、发展走向,紧贴实际、手把手地教众多希望创业、渴望成功的人在风云变幻的移动电商领域采撷成功的花朵。

相信通过本书的介绍,你会对微信小店有更深的认识,能够打造一家属于自己的店铺。

目 录

第一章
微信小店：小电商，大时代

如果你还执着地逛淘宝，那就真的out了！

2014年5月29日，微信小店横空出世，拉开了移动电商大战的序幕。

在此之前，微信在人们眼中只是用来语音聊天、发图片、和朋友分享状态的通信工具和社交工具。

可是，微信小店的登场如同当年的淘宝网一样，让人们眼前一亮。它顺应了电商时代的要求，打造出属于腾讯的微电商。

6亿用户做靠山，微信小店"钱"途无量

2011年，微信走进人们的视野。在那个时候，微信的作用只是方便人们的交往，它同微博和QQ一样，是一个聊天工具、社交空间。

然而时隔三年多，微信快速升级，实现了它的承诺："微信，不仅仅是聊天工具！"

是的，现在的微信真的不只是聊天工具。

今天我们经常会看到这样的提示："购买精品服饰，请加微信：××××""尽享美味，请加微信：××××""想拥有诱人肌肤，请加微信：××××"……我们在浏览微信的时候，会看到朋友圈有各种产品信息的分享。这无疑是一种很好的宣传方式。

可是，这些广告也让不少人烦恼。现在腾讯解决了这个问题，让用户放心地利用微信平台做老板，也让其他的微信用户不被各种产品广告扰到心烦。

2014年5月29日，微信平台推出微信小店，让马云口中"小而美"的电商模式成为现实。只不过，这里的"小而美"不是指淘宝和天猫上的网店，而是微信小店。

微信小店是腾讯在微信平台的基础上打造的原生态的电商模式，它让用

户在继淘宝、微博之后，也能在微信上开自己的店。

微信小店的出现，使得微信公众平台实现了技术上"零门槛"的电商模式。之前的电商模式需要较强的技术开发能力，而微信小店让没有技术开发能力的商家也可以开启电商模式，实现"零成本"开店。因此，微信小店对不少人来说，有着很大的吸引力。

对于新崛起的微信小店，不同的人有着不同的看法。

有人说，淘宝和天猫的盈利模式可能会因微信小店的崛起受到影响，甚至有可能被微信小店后来者居上。

也有人说，微信小店的出现使得腾讯在移动电商领域加速布局，给阿里巴巴的淘宝带来巨大的挑战。

可也有人并不看好微信小店。他们认为，在手机中已下载淘宝客户端的情况下，实在没有必要再逛微信小店。

微信小店具体命运走势如何，不好说。

但是，我们不可否认的事实是，微信的崛起着实让马化腾打了马云一个措手不及。微信小店的出现，目标直指马云的淘宝，让阿里巴巴"恼羞成怒"。

在微信崛起之初迅速虏获大众的时候，马云就曾表示："宁可死在'来往'的路上，也绝不活在微信的群里。"现在，微信小店的出现，让阿里巴巴同腾讯的战争进一步升级。

事实上，微信小店在崛起之初，就迎来了不少商家，如"好药师"与"美丽说"。其中，"美丽说"是首批入驻微信小店的商家。消费者只要关注"美丽说"的微信账号，就能在"精选专题"中看到"时尚美衣"和"品牌美妆"两个专题。进入这两个专题，消费者就能在微信小店中浏览产品。

像"美丽说""好药师"这种大商家在本来已经有较高的人气和广大的客户群，又选择通过微信小店凝聚更多的粉丝，将更多的产品及时地展现给人们，让人们随时随地登录微信就能购物。而那些销量不是很好的企业或者是没有开通网店的实体店，只要几个步骤就可轻松开通微信小店，凭借微信朋友圈的力量实现交易。

微信小店凭借零成本和高利润快速吸引客户，凝聚粉丝，对于商家来说有很大的吸引力。

"印美图"微信小店仅用6天便创下了上百万元的销售业绩，是微信小店非常成功的案例。

消费者只需要关注"印美图"的微信公众号，并发送照片，就可以直接拿到精美的LOMO相片。如果消费者在发送照片的时候再用语音附上相关的留言，拿到的LOMO相片就被附上了声音二维码，不仅保留了美好的画面，连声音都能长久保留。

最初，"印美图"利用微信小店进行销售时，对销量并不看好，因为"印美彩炫"7800元的定价让普通的消费者难以接受。然而，在微信小店上线之后，"印美图"在6天的时间内突破了百万元业绩，大大超过了预期。正是微信小店的粉丝力量给"印美图"带来了巨大的销量。

小芹在广州经营一家服装店。在服装市场竞争激烈的广州，小芹服装店的生意并不理想。没事时，小芹喜欢在微博、微信上发发图片，让朋友圈里的客户及时看到新进的服装。可是，对于这种"扰民"的方式，小芹很不好意思。

后来，小芹得知微信平台推出了微信小店，只要有微信，就可以在微信上拥有一家店铺，既能集中宣传，又不会过分"扰民"。小芹上网了解了微信小店的知识，越看越觉得应该开通一家微信店铺。于是，小芹便交付了押金，开起了微信小店。

通过在微信朋友圈进行宣传，很多人经朋友介绍都在关注她的微信小店。为了让更多的人知道，小芹还在服装店试衣间的墙壁上贴了"亲，喜欢我，加微信关注我的小店"的温馨提示。就这样，在微信小店开通之后，小芹服装店的销量大增，人气也渐高。微信小店开业没多久，粉丝就有2万多人。小芹没有想到微信小店竟能如此成功。

微信小店的能量就有那么足！

微信小店带着自身的特点，融汇着电商时代的精华，走进人们的心中。对于这个新崛起的微电商，人们对其前途的担忧似乎是多余的。

现在，我们来看一下来自网上的一组数据：

2013年，微信用户达到6亿之多，覆盖全球200多个国家和地区，有超过20种语言的版本，国内外微信月活跃用户超过2.7亿，每天有超过亿次的信息交换。其中，微信公众账号在15个月内增长到200多万个，每天保持8000个的增长速度。

这是一个庞大的数字。很难想象，微信用户最终会增长到什么地步。

看着这组数据，你还会怀疑微信小店的前途吗？

借助微信这个庞大的社交平台，更多人关注微信小店的产品。虽然每天有很多人浏览淘宝网，可是那些没有品牌、没有名气的淘宝店铺又有多少浏览量呢？

　　微信小店就不会如此。或许有人说，微信的用户数虽然庞大，但还是没有淘宝的用户多。这是一个事实。可是，一个人每天能逛几次淘宝？10次已经不算少了。然而，对于微信用户来说，一天用10次微信，实在不多！

　　如今，智能手机在人们的生活中扮演重要角色，我们走路、吃饭、搭公交，每一个空闲的时间里都可能会打开微信。大家在朋友圈里分享着身边发生的新鲜事。在刷微信关注朋友信息的时候，就可以浏览到各种商品，这比特意逛淘宝要丰富得多。而且，对于微信小店，不需要像淘宝网一样在手机上下载一个客户端，直接用微信就能实现网上购物，这样也方便了很多。

　　庞大的用户支撑加上自身的优势，可以说微信小店的"钱"途不可限量。

微信，捅破移动支付最后一层"窗户纸"

电商时代，支付是电子商务的核心要素，只有解决了支付问题，才能形成电商生态。所以，电子商务离不开第三方支付平台的支持。阿里巴巴有支付宝，而现在腾讯有了微信支付。

在微信作为大家最常用的聊天工具和社交平台，赢得了数亿用户关注之后，腾讯便将微信的"势力"伸向了移动支付的领域。

在互联网高度发达的社会，移动支付是众多企业争相涉足的领域。所以，在腾讯成功地推出微信之后，相关的支付平台便接踵而至。

所谓"时势造英雄"，在电商时代，微信支付顺势而生。

移动支付有移动远程支付和移动近场支付两种。所谓移动远程支付，就是利用手机等移动设备扫描二维码进入支付环节；而移动近场支付就是在手机中安装移动支付卡，用户在消费时，通过NFC技术在专门的POS机上进行支付。我国市场上的移动支付大部分都属于远程支付。

对于远程支付来说，需要强大的移动电商和支付企业的支撑。在这方面，支付宝率先做到了。它依托着强大的阿里巴巴电商王国，成为移动支付领域里的元老级人物。而淘宝的成功在很大程度上也依赖于支付宝这名"良将"。现在，腾讯推出了微信支付，依托的平台就是微信小店。

马云曾经担忧，如果用户习惯了使用支付宝以外的支付手段，阿里巴巴的未来就危机重重，其电子商务的交易额就会被转移出去。

其实，马云的担忧并不是没有道理。虽然目前支付宝是第三方支付平台的王者，可是，在竞争激烈的支付平台市场，马云无法阻止他人的进攻，更无法阻止腾讯的进攻。

对于马云来说，有着强大用户支撑的微信就是阿里巴巴强大的竞争对手。

果然，当支付宝在移动支付领域大快朵颐的时候，马化腾也想从移动支付这里分得一块蛋糕。

为了更好地在移动支付领域占据一席之地，腾讯联合它的社交平台微信和它的第三方支付平台财付通，共同打造了移动支付的创新产品。

于是，在腾讯发布的微信5.0版本中，新增了支付功能。

腾讯的这一决定，彻底捅破了移动支付的最后一层"窗户纸"，成功地走进了移动支付领域。

这就意味着，有6亿多的微信用户可以通过微信公众账号、扫描二维码等方式进入支付环节。微信有着如此巨大的用户潜力，很多企业纷纷利用微信支付进行交易。

在日益强调方便、快捷的今天，微信进入移动支付领域顺应了时代的要求。而微信支付的出现，在一定程度上也完善了移动支付。

同其他的支付平台相比，微信支付不仅仅是一个支付工具。它把微信移动端的用户基础能力、社交能力、开放能力整合在一起，以用户体验为主，远远超越了一个支付工具的功能。

淘宝同支付宝联合，影响了人们的生活，让人们方便地在网上购物，也让电子商务成为一种新的商业模式。同样，微信支付联合微信小店，等于是另一个淘宝加支付宝。

在微信支付刚推出的时候，就曾有人预测，一旦它发展成熟，商家就可以像在淘宝网一样，利用微信这个巨大的平台进行商品交易。这种预测很快就得到了证实，微信也确实形成了自己的电商模式——微信小店。

微信走入移动支付领域，成就了腾讯，也让支付宝感到恐慌。腾讯微信5.0中加入支付功能这一决策，使得它同支付宝之间的战争愈演愈烈。

微信支付同支付宝之间的竞争也是腾讯和阿里这两家大企业之间的竞争。曾有人调侃说："中国最终只会剩下三家公司：B、A、T！"这里的B指的是百度，A是阿里巴巴，T是腾讯。一直以来，这三家公司之间竞争都非常激烈。

而在电商时代，腾讯和阿里巴巴更是"仇人见面，分外眼红"。事实上，腾讯和阿里在金融战场的厮杀，一直都未曾停止。

在电商平台方面，阿里巴巴有淘宝，腾讯有易迅；在支付方面，阿里巴巴有支付宝，腾讯有财付通；马云刚想在淘宝做"小而美"，腾讯就推出了微信小店。

一直以来，阿里巴巴的支付宝同腾讯的财付通在支付领域剑拔弩张地竞争着。可是，过去财付通并不是支付宝的对手。支付宝背靠着淘宝这个大型的电子商务平台，而财付通绑定的是易迅这个电商平台。很显然，易迅比不上淘宝。

据统计，财付通的注册用户超过2亿，有超过4000万的快捷支付用户，移动客户端的用户超过2000万个。而支付宝拥有超过8亿用户，快捷支付的用户达到1.5亿，移动客户端用户超过7000万。

从上面这组数据来看，财付通远远不是支付宝的对手。在第三方支付领域，支付宝一骑绝尘，遥遥领先。马云曾经自信地说："我拿着望远镜也找不到对手。"然而，在进入移动支付时代后，支付宝再想轻松地甩开对手似乎就不太容易了。微信的崛起使得腾讯有了翻身的机会，而微信支付的出现更是给春风得意的支付宝一个下马威。

自腾讯宣布开通微信支付以后，便彻底点燃了腾讯同阿里巴巴之间的战争，让它们在移动支付这个蓝海的战争不再是小打小闹，而是正式进入白热化的对峙阶段。

同支付宝相比，微信支付有着强大的优势。

微信是一个社交软件，它的用户黏度非常高，每个用户每天都要登录微信很多次。而淘宝和天猫的使用频率则低得多，有些人几天才登录一次，而有些人的登录频率要用周来计算。微信的高使用频率很容易让人们对微信支付的使用形成习惯。再加之微信小店的推出，对于支付宝和淘宝来说是一个巨大的威胁。

2013年11月，小米3上市，宣布在微信上接受预订。小米官方发表声明说："购买只在微信内开放，并且仅限使用微信支付购买。"一直有着互联网思维，擅长口碑营销的小米自然不会放过微信这个潜力平台。于是，小米积极地同微信合作。

2013年11月，微信支付在15天的时间里完成了20多万笔订单，同支付宝在"双11"当天手机支付4518万笔的交易还相差甚远。可是，微信支付作为移动支付领域的初出茅庐者，依然让支付宝感受到了隐隐的压力。

在微信商业化的进程中，坐拥6亿用户的微信具有很大的潜力。微信对于阿里巴巴来说是一个威胁，而微信支付的推出更像是一个重磅炸弹，目标直指支付宝。

微信支付的推出与完善，不仅使腾讯成功地占据了移动支付领域，给傲气的阿里巴巴一记重击，也让腾讯的微信小店成为现实。

有人说，马化腾志在电商，这是一件很明显的事情。腾讯厉兵秣马，先是打造微信，获取大众的心；再推出微信支付，让微信走向商业化；最后推出微信小店，打造属于自己的购物平台。腾讯步步为营，为的就是做好微电商。

腾讯与京东的联姻，开启移动电商新格局

互联网是一个有着巨大潜力的市场，中国的互联网市场一直不平静。百度、阿里巴巴、腾讯三大巨头支撑的互联网市场，经常会爆出各种惊天新闻，电商、淘宝、微信、微信支付、合作、竞争……这些一直都是电商时代最平常不过的字眼。

2014年，中国的电商市场又爆出一则新闻，让整个互联网业界震动。

2014年3月10日，腾讯同京东联姻。腾讯对外界宣布，将QQ网购、拍拍网购并入京东，并为京东提供微信和手机QQ客户端入口、在线支付服务等，以此换取京东15%的股份。

一直在竞争的两个对手突然握手言和，让人猝不及防。

其实，在此之前，腾讯同京东就存在"暧昧"关系，也有人猜测两者之间可能联合。可是，暧昧关系挑破之后的迅速联姻，还是在电商市场上掀起了千层浪。作为中国电商的领头人，阿里巴巴成了腾讯和京东的主要对手。2013年的微信支付，2014年的强强联合，这些都让马云不得安枕。

很显然，腾讯同京东的联袂演出，将打破旧有的电商格局，形成一种全新的移动电商格局，这是阿里巴巴的"功劳"。

根据中国电子商务研究中心发布的《2013年度中国网络零售市场数据

监测报告》，中国B2C网络零售市场中，天猫商城名列第一，市场占有率为50.1%；京东商城其次，为22.4%；苏宁易购列第三，市场占有率为4.9%；第四为腾讯电商，市场占有率为3.1%；进入前十的有亚马逊中国、1号店、唯品会、当当网、国美在线、凡客诚品等。

通过这个报告，我们能很清晰地看出移动电商的格局：阿里巴巴一家独大，占据了移动电商的半壁江山，京东和腾讯加在一起仅有阿里巴巴的一半。

在中国电商格局中，阿里巴巴有着不可撼动的地位，淘宝、天猫成为人们网购的首要选择，而其他涉足电商领域的企业们貌似只能在夹缝中求生存。

这样的事实必然会导致其他电商的"合纵连横"。而阿里巴巴的"霸道"最终成全了京东和腾讯的联姻。

竞争与合作，是商业界再平常不过的话题，大企业之间的联合是求得共赢的一个好手段。而京东与腾讯的联合则是电商时代的要求，同时也是自身发展状况的要求。

作为电商中的"老二"，京东的市场份额远远落后于阿里巴巴。但是，在国内电商里，京东亦算是很成功的一个。

京东在进入移动电商市场的时候，从年轻人的需求入手，以3C品类切入市场，以其较快的物流服务和移动POS支付，让人们在习惯了淘宝和天猫的品牌特色之后依然对京东青睐有加。可是，京东在支付方式上却一直依靠支付宝和财付通等第三方支付，用户流量同阿里巴巴相比一直不足。

2013年，京东为了建立自己的支付壁垒，停用了支付宝和财付通，也因此造成了一定的客户流失。本来就无法同阿里巴巴抗衡的京东，在此种现实之下，只有迅速地找到能为自己服务的支付方，扩大市场占有率，才可能扭转阿里巴巴独占天下的局面。

而腾讯一直以来都在社交平台上下功夫，2006年才正式涉足电商。提起电商，大多数人想到的只是阿里巴巴、京东、当当、苏宁，对于腾讯电商一直不甚清楚。拍拍网是腾讯进入电商领域后推出的第一个网购平台。可是，在天猫、淘宝、京东商城等这些强势品牌的挤压下，拍拍网一直红不起来。

为了占据电商这个巨大的蓝海市场，腾讯除了经营自己的电商平台之外，也通过收购的方式对电商领域发起进攻。

2010—2011年，腾讯收购了易迅、F团、好乐买等多家电商，并于2012年5月成立腾讯电商控股公司。至此，腾讯拥有的电商平台有拍拍网、QQ商城、易迅、搜搜团购、好乐买、同程网等。但是，腾讯在电商道路上挖空心思，并没有得到多大的回报。如今，人们记住的也只是QQ和微信而已。

为此，有人说，腾讯缺乏开创电商的潜质。腾讯的电商"智商"遭人诟病，似乎无论怎么努力，都无法弥补这个缺陷。可是，在电商这个时刻充满机会的领域，你很难认定哪个人行，哪个人不行。

就在大家习惯了腾讯的QQ，感觉它很难被取代之时，腾讯推出了微信；而当大家习惯了微信这个社交平台的时候，马化腾又告诉你微信可以用来支付。

微信是腾讯翻身的筹码，腾讯积极地利用微信这个平台，为自己的电商模式打开一个全新的局面。

事实证明，腾讯并不是在电商行业存有"基因缺陷"的企业。微信支付一出，震惊四方。对于拥有如此巨大用户的平台来说，潜能不可估量。

关于腾讯将电商资产并入京东的举动，有人说，腾讯的这个举措是在

"甩包袱"，意欲扔掉一直为人诟病的电商烂包袱；也有人说，腾讯这是置之死地而后生，意欲在电商领域打一个漂亮的翻身仗。

第一个观点实在无法让人苟同。互联网时代下，虽然很多人都在做电商，但非常成功的并不多，即便是京东这样的大企业，市场的占有率也不够大，更不要说当当、国美在线之类了。所以，电商领域一直是一个巨大的蓝海市场，主要看你怎样开发。从这个角度说，腾讯绝不可能放弃对电商领域的进军。腾讯的此种行为实际上是置之死地而后生，是在"曲线救国"，最大限度地利用它的社交平台，在电商领域打个漂亮的翻身仗。不然，这样的联合不会引起如此巨大的震动。

从合作的角度来说，腾讯同京东的联合是资源的优化，双方各取所需。

对于腾讯来说，京东在电商行业虽然不敌阿里巴巴这样的王者，但亦是电商行业的翘楚。它的电商平台已经形成规模，虽然同阿里巴巴的购物平台相比有一定的差异性，但每年的交易频率也达到2亿多次。如果两者联合，将大大地提高微信支付的使用频率。对在电商领域没有形成自己特色、又没有形成规模的腾讯来说，嫁接京东是一个好选择。通过这种资源共享，腾讯将从中得到可观的利益，并且为自己原生态的电商模式打下基础。所以，在联合不久，腾讯便推出自己"小而美"的原生态电商——微信小店。

对京东而言，联合则意味着电商领域少了一个竞争对手，多了一个合作伙伴。

京东在电商领域有两大短板，一是流量，二是入口。而同腾讯的联合，正好弥补了这两方面的不足。腾讯的QQ和微信这两大社交平台，用户数以亿计，京东将从QQ和微信中得到大量的用户流量。而微信支付的推出，也解决了京东的支付短板，使其拥有更完整的电商生态模式。在移动互联网时代，微信这个入口可以实现广大用户随时随地购物的需求，京东将获益匪浅。

所以，京东同腾讯的联合将会开启移动电商的新格局。腾讯将会在很大程度上扭转在电商领域失败的局面，而京东也会获得腾讯巨大的用户流量。

对此次联合，京东总裁刘强东称："与腾讯在移动端、流量、电商业务等方面的战略合作，京东将在互联网和移动端向更广泛的用户群体提供更高品质、更快乐的网购体验，同时迅速扩大京东自营和交易平台业务在移动互联网和互联网上的规模。"

腾讯总裁刘炽平也表示："与京东的战略合作关系，不仅将扩大腾讯在快速增长的实物电商领域的影响力，同时也能够更好地发展我们各项电子商务服务业务，如支付、公众账号和效果广告平台，为腾讯平台上的所有电商业务创造一个更繁荣的生态系统。"

事实确实如此。两者联合之后，京东在移动端口有了手机客户端、微信购物入口、手机QQ入口三大平台，订单数与日俱增。而腾讯微信支付的使用频率也迅速提高，拓宽了微信的使用领域，活跃了用户流量，也为微信小店在京东平台的入驻打下了良好的基础。

所以，腾讯和京东的联姻就是互联网商业各取所需、互利共赢的例子，它们有望超越阿里巴巴在电商市场的占有率，从阿里巴巴手里抢夺市场。

微信公众账号，让销售渠道多元化

继QQ、微博之后，微信凭借其强大的用户支撑，成为当下最火的手机应用之一。腾讯对微信倾注了自己所有的心血与热情。在腾讯布局属于自己的电商网络的时候，微信不会只作为一个社交平台出现。

2013年8月23日，微信推出公众平台，向名人、媒体、政府、企业等推出合作推广业务。名人、媒体、政府、企业等都可以通过微信公众平台申请专属的微信公众账号。腾讯推出的微信公众账号将微信同一般的社交平台区分开来，也在一定程度上为腾讯发展原生态电商指出了方向。

微信公众账号就是微信应用账号，是开发者或者商家在微信公众平台上申请的。通过公众号，开发者或商家就可以在微信平台上发布文字、图片、语音和视频，同添加公众账号的用户进行全方位的沟通和互动。

在这里，我们需要将微信公众账号同微信个人账号区分开来。

所谓微信个人账号，就是我们每个人在手机中使用的微信账号。我们可以通过它在微信上发布文字、图片、视频等，主要是与身边的朋友交流沟通，分享生活动态。

从这方面来说，微信个人账号具有私人性，同我们的手机号、QQ号相关联。而微信公众账号具有开放性，集微博、博客、手机应用等功能于一身。

通过微信公众账号，除了接收信息我们还可以在网上团购、订餐、预订酒店、查询公交、天气、快递等。

微信公众账号不能通过手机登录，个人公众账号可以绑定私人微信账号，可以在私人账号上通过公众助手，向所有公众账号的粉丝发信息。

微信公众账号的辐射范围很广，有微餐饮、微美容、微电商、微医疗、微酒店、微旅游、微汽车、微房产、微婚庆九大模块。在这九大模块中，商家同微信用户进行信息分享和沟通。

对于个人来说，我们只需要通过微信公众平台注册，在里面填写自己的真实信息，在邮箱里激活微信团队发送的激活邮件，等待审核后即可完成公众账号的注册。微信公众账号实行实名认证，有较高的媒体性质。因此，腾讯对微信公众账号的审核也比较严格，除了要求用户填写真实的信息之外，还要申请人上传一张本人手持身份证拍的照片，同时还要绑定个人手机号。腾讯的这种"严苛"既是对微信公众平台负责，也是对用户个人负责。

在商机俯拾皆是的时代，比拼的是我们是否拥有一双发现商机的慧眼。有人气的地方就有商机。所以，大家纷纷利用人气，在QQ、微博、微信上做生意。可是，社交软件本来是私人感情的交流平台，却成了大家频繁刷广告的地方，不少人对这种"扰民"的形式很恼火。

微信公众账号的推出是一个解决广告"扰民"的方法。腾讯对微信公众账号有一定的限制，它不可以主动添加微信个人用户，而微信公众平台也不能向微信个人用户推送公众账号。微信个人用户对是否添加某一个微信公众账号有很大的主动权。而在添加之后，微信个人用户若不喜欢，有删除的自由。这在很大程度上遏制了微信上公众信息的狂轰滥炸。

为了进一步完善微信公众账号，在微信5.0版本中，腾讯对微信公众平台进行了调整，微信公众账号被分为订阅号和服务号两种。

微信公众服务号就是为用户提供服务的账号，银行或者企业多用微信公众服务号做客服服务。企业或者组织每个月只可以发送4条信息，信息会在用户的好友对话列表中显示出来，而用户会收到相关的消息提醒。

微信公众订阅号的适用范围是个人或者媒体，订阅号每天都可以发布1条信息。为了避免给用户带来困扰，公众订阅号发布的信息主要折叠在订阅号文件夹中，尽量减少对用户的打扰。

无论是公众服务号还是公众订阅号，都是个人和商家很好的宣传手段，明星、新闻媒体、企业等纷纷开通微信公众账号，极尽宣传之能事。

南京的程英是在一次偶然中发现"她生活"的。

在一次搭乘地铁时，程英无意间看到好姐妹分享的一个链接，感觉挺好，就点开看了。看了以后，程英深有感触，于是也添加了"她生活"的微信公众号。"她生活"发布的信息并不会主动在好友对话列表中显示出来。想看，只需要在订阅栏中点开就可以看到"她生活"发布的内容。对于程英来说，微信是一个很好的学习平台，她每天都能从这里收到一些有关女性情感、心理、美容的小文章，学到了不少东西。

微信公众平台的推出是微信发展过程中的重要举措，也是腾讯布局电商网络的重要一步。

由于微信推出的这种新玩法，人们纷纷从微博转战微信，在微信上创建属于自己的微信公众账号，积极地利用粉丝的力量营销自己。于是，这个坐拥6亿多用户的大平台，成了自媒体时代营销的"宠儿"。

微信拥有强大的用户流量，因此微信公众账号对于商家、名人来说，是一个很好的宣传营销平台。在自媒体时代，人人都是媒体人，都可以发布信息、传播信息。微信公众平台令自媒体时代下信息的传播途径更加完善。

布丁酒店是最早同微信公众平台直连的商家之一。客户通过微信账号就能够查询附近的布丁酒店并订房。通过这种宣传方式，在6个月的时间里，布丁酒店就吸引了50多万客户。

招商银行也是最早同微信公众平台合作的企业之一。招商银行通过公众账号向用户展示了很多信息。比如，招商银行的信用卡公众号里涵盖了所有信用卡用户需要的信息。信用卡用户可以通过公众号查阅自己的信用卡账单、消费情况、信用额度、积分等信息，使信用卡的使用更加方便自主。通过公众号的宣传，客户可以了解到招商银行更多的信息，从而更加完善了招商银行的服务，对各种理财产品起到了很好的宣传推广作用。目前，招商银行公众号订阅客户已超过百万。

从微信公众号受益的还有南方航空公司。订阅南方航空公司的微信公众号，用户可以通过公众账号预订机票、查询订单、办理登机牌、查询目的地城市的天气等，大大方便了客户，也对公司自身的宣传起到了很好的作用。

微信公众平台对企业组织的宣传作用很大，对个人的宣传作用亦是如此。

陈坤是微信公众账号玩得比较好的明星。作为一个能演能唱的偶像明星，陈坤并不缺少粉丝。只不过，微信公众账号让陈坤这个偶像在粉丝的眼中更加真实立体。只要粉丝关注了陈坤的微信公众号，就可以在微信上查看关于他的新闻、书籍、音乐、语音回复等，还可以同他交流互动。陈坤通过这种方式，获得了更多的铁杆粉丝，并且对个人作品的宣传起到了积极的作用。同时，微信公众平台还为他带来了额外收入，因为要成为陈坤微信平台的月度会员和年度会员，需要缴纳一定的费用。

对于营销者来说，客户的需求是最应该下功夫去了解的东西。可是，客户的想法变化多端，需求瞬息万变，通过传统的方式调查，很难了解他们的真实需求，也不便向他们推销产品。

所谓"买卖不一心"。在传统的销售渠道中，用户体验、信息传播与反馈、用户需求探索等一直是一个很大的问题。而在现代互联网的影响下，商家同用户之间的互动越来越频繁，商家也学着利用互联网，更加精准地把握用户的需求。

微信拥有着6亿多用户，因而对于商家来说，产品的潜在客户数量是巨大的。通过微信公众账号，商家同用户之间的互动更加活跃、真实，让用户能随时随地了解商家产品或者服务的信息。而在通过微信公众平台对产品进行有力的宣传之后，用户也能向商家更好地反馈产品的使用信息和自己的需求。因此，微信公众账号就在很大程度上加强了商家同客户的关系，也拓宽了商家的销售渠道。

武汉工程大学的副教授张志开通了"秋叶PPT"微信公众账号。

在开通"秋叶PPT"微信公众账号之前，张志在新浪微博上已经拥有10万粉丝。对于是否在微信上开通公众账号，张志曾经犹豫过。在他看来，微信公众账号同粉丝的互动是封闭的，不似微博那般开放，宣传力度也可能不佳。但在深入地了解微信公众账号之后，张志发现微信公众号的信息不会像微博那样因为刷屏而被埋没，每天一条信息的发布量非常适合粉丝的碎片化学习方式。

在开通微信公众号最初的一个月内，张志并没有发布任何内容，而是通过关注"秋叶PPT"微信公众账号并回复相关的关键词就可在网盘上下载相关的PPT模板的方式，迅速聚集了5000名粉丝。后来，通过微信公众账号，张志的微信活跃粉丝数量达到13万人之多。这种宣传力度是他当初没有想到的。

由此可以看出，微信公众账号无论是对商家还是对个人来说，都是一个很好的宣传商品、传播信息、推销商品或者个人的方式。

在微信兴起之后，微信营销成为一个新的名词，不少企业纷纷试行，并从中获得了不少好处。在微信火热的时代，似乎任何一个商家都无法忽视微信公众账号。这不仅仅是因为微信、微信公众账号是代表时尚的新名词，更重要的是它可能带来的实际利益。

朋友圈的无限商机

　　微信公众号、朋友圈、微信群是微信的三大组成部分。其中，微信群和朋友圈的活跃度极高。

　　微信的基础是社交，朋友圈强调社交，注重交流与分享。微信在4.0版本中就已开放了朋友圈的分享功能。

　　很多人都喜欢在朋友圈中"晒"生活中的各种东西，这似乎成了年轻人的时尚标志。我们吃的、穿的、见的、玩的、用的，都可以在朋友圈中分享。

　　于是，关注朋友圈渐渐成为人们的习惯。我们每天打开微信，除了要看看有谁联系了自己之外，最重要的就是要看看朋友圈中朋友更新的各种信息。从这个意义上来说，微信的朋友圈同QQ空间、微博没有什么区别。同学、朋友、家人、同事共同聚集在朋友圈中，晒各种生活见闻、生活点滴、心情状态。

　　可是，腾讯并不只是想将微信做成一个单纯的社交平台，它要在这个大型的社交平台之上建立属于自己的电商平台。所以，微信走上商业化道路是必然的趋势，而凝聚超高人气的朋友圈自然是商机重重。

读大二的小艳逛商业街时，在一家精品店看中一件草绿色雪纺连衣裙，就买了下来。因为喜欢这家店的风格，小艳添加了店长的微信号，店长告诉她经常会有新款衣服在朋友圈里更新，只要添加了微信就不会错过上市的新款了。在将服装交给小艳之后，店长还不忘叮嘱小艳说："别忘了在朋友圈里晒一晒哦！"

小艳已经添加了四五家店铺的微信，能经常看到朋友圈里的信息更新。不知从什么时候开始，一打开微信，朋友圈里就有各种服装、化妆品等商品信息。小艳因广告刷屏而恼火，但也喜欢通过收集朋友的"赞"换取免费的产品。

有人气的地方就有商机。

现代人越来越喜欢网络社交，各种网络社交工具充斥于我们的生活。在微信成为新晋的社交平台，并迅速俘获人心的时候，朋友圈中也掀起了一股独特的潮流——做生意，朋友圈不知从什么时候开始成为众多人发财的地方。

微信用户可以将看到的商品内容分享到自己的朋友圈，分享给更多的人。商家可以通过口碑营销提升自己的品牌力量。因此，朋友圈中的分享便为众多商家提供了商机。

大型的女性网站"美丽说"就充分利用了微信朋友圈的力量来扩大宣传。微信用户可以将自己在"美丽说"看到的商品分享到朋友圈中，让身边的人看到"美丽说"的产品，为"美丽说"聚集了人气，宣传了商品。

朋友圈成为大商家展示产品的一个平台，也成为小商家和创业者们宣传自己、探寻商机的工具。

能在微信朋友圈中做生意并且收入可观，是陈晓没有想到的。

2013年，在韩国留学的朋友敏佳寄给陈晓30多张面膜，陈晓用着感觉还不错。平时喜欢在微信上发自己各种生活状态的陈晓，自然是以各种状态、各种照片晒出这些面膜的种种好处。没想到，朋友圈里的好姐妹纷纷问陈晓面膜是什么牌子，从哪里可以买到，并拜托陈晓弄两张让她们也"尝尝鲜"。

就这样，陈晓便误打误撞地在朋友圈里做起了生意。因为是熟人，陈晓提供的商品都是自己体验过的。用陈晓的话来说："再想赚钱也不能坑自己的朋友。"

现在，陈晓在朋友圈中晒出的商品不仅有面膜，还有粉底、眼霜、精油等各种护肤品。除此之外，陈晓还代理一些名牌包包的尾货，专柜原价2万~3万元的，最低9000多元就能从陈晓这里拿到。通常，陈晓刚刚在朋友圈中发出信息，就有很多人抢购。

借助朋友圈的力量，因为朋友们的口口相传，陈晓在朋友圈中聚集的粉丝越来越多。以前，陈晓在朋友圈里发布一个状态，最多不过十几个评论；现在，她发出一条产品信息，就有上百个人联系她。

只是发出产品信息，就能赚钱。单笔交易赚的虽不多，但是依靠朋友圈中朋友口口相传的力量，陈晓这种不费力赚取的收入也非常可观。

从某种意义上说，微信朋友圈做的是圈子营销。有共同喜好的人在一个圈子里主动地分享交流，再扩散到相交叉的其他圈子，由此实现更大范围的宣传推销。

朋友圈里的熟人模式将买卖建立在人情之上，买家和卖家不再是单纯的买卖关系，而是有着共同喜好的朋友关系。因为共同的喜好，这种生意总让人难以拒绝。自己亲自体验产品，再将其推荐给其他的朋友，朋友圈的商业模式就这样悄然生成。

可是，也有不少人表示，本来只是单纯地想点开朋友圈看看大家的生活状态，找找乐子，谁想竟像逛夜市一样，看到一群做买卖的，实在让人头疼！

朋友圈该不该成为商业圈、生意圈呢？

有些人认为，朋友圈基于社交的基础，注重分享，有好东西自然要一同分享，并且随时随地都能打开微信浏览朋友圈，里面有商品信息，不用特地去逛淘宝与天猫。

也有些人认为，这种"杀熟"的行为，将单纯的朋友关系生硬地牵扯进商业利益，劣质产品一旦出现，很容易破坏原本友好的朋友关系。

朋友圈是商机无限，可是这种朋友圈生意经里的熟人模式却是把双刃剑。

朋友圈里的生意，因为是基于朋友关系，对诚信的要求比在淘宝、天猫更高。我们在淘宝上购物时，买到品质不佳的东西，给个差评也就算了。但是，朋友圈却不一样。因为是现实生活中的朋友或朋友的朋友，在整个关系链中，总有一个环节是基于现实关系的。这就在一定程度上放大了朋友圈的诚信问题。产品不好，损失的不仅是生意上的诚信，还有朋友之间的诚信。

微信的朋友圈有很高的私密性，只能通过商家发布的产品图片，对产品有一个大致的认识，而其他客户对产品的评价却看不到。这在一定程度上会让客户产生不信任心理。可是，因为在朋友圈做生意是零门槛、零投入，很多产品并没有实体店，也没有售后保障。很多在朋友圈中发布产品的人都是处于中间环节的代理商，有些甚至自己对产品的实际情况也不清楚。这也难怪有些人对朋友圈里的商品不放心了。

所以，有些人对朋友圈熟人模式的担忧不无道理。

朋友圈是商品展示平台，主要起到的是宣传、集聚粉丝的作用。因此，在朋友圈爆发商机的同时，我们也要善于利用这些商机。在展示产品、做足宣传的同时，也要为朋友提供放心的产品，做好信任营销。因为朋友圈集聚的是"粉丝"，我们就要维护好同这些"粉丝"的关系，互动、评价、点赞是需要做的。同时，我们可以在朋友圈中为用户提供一些增值服务，比如，集"赞"送产品、"分享"送产品等。同时，因为是圈子营销，我们可以在朋友圈中利用意见领袖的作用，引导其他微信用户。需要提醒的一点是，朋友圈中的广告信息不要太多，不然，用户还不如逛淘宝呢！

无论微信怎样商业化，它的基础还是社交。淘宝、天猫是购物平台，很难通过买东西和卖家成为好朋友。而微信不同，它既是社交平台，又能基于信任关系做生意。朋友圈做的是小众的圈子营销也是口碑营销。粉丝效应、熟人模式，腾讯电商之路的别出心裁也就在于此。

微信小店，或成下一个天猫

微信公众账号、朋友圈、微信支付……围绕微信的新名词，每一个都闪耀着新鲜事物特有的光芒。微信本身就蕴含着巨大的商机，不论是微信公众号还是朋友圈，有商业头脑的人都纷纷转战微信。

当在朋友圈晒商品对微信用户造成了不同程度困扰的时候，腾讯推出了微信小店，将微信的生意转到了一个专有的平台上。

其实，在电商道路上，腾讯走得并不平坦，无论是自己创建的拍拍网，还是收购的易迅，发展得都不尽如人意。

虽然在电商的道路上腾讯缺少成功经验，可从不缺少百折不挠的精神。无论之前有多少个电商平台以失败而黯然收场，腾讯还是毅然决然地推出了属于自己的原生态电商平台——微信小店，让微信突破了社交平台的范畴，在有6亿多用户的社交平台上创建了属于自己的电商平台。

微信显露出商机，人们渐渐对微信上的生意有所了解。而微信小店的推出让微信中的生意不再似朋友圈中那样杂乱。

一直以来，微信的口号都是"微信，是一个生活方式"。腾讯确实在坚持着以微信改变生活方式，也一直都在用微信做生活。微信公众号、朋友圈、微信群皆是如此，即使是带有商业性质的微信支付，也是在方便人们的生活。

　　微信小店是一个电商平台，腾讯对微信小店的打造煞费苦心。如果腾讯只是将微信做成一个社交平台，那在QQ版本不断更新的情况下，微信就同QQ没有什么区别。作为中国互联网的巨头之一，腾讯当然不可能放弃电商这块"肥肉"。虽然它将自己的电商资产并入了京东，让不少人认为这是无奈之举。可是，在将电商资产并入京东之后，腾讯便推出了微信小店。这样做的目的很明显：腾讯在减负，在向外界宣布自己要一心一意做微电商。

　　自微信小店推出以后，微信小店的命运一直是众人讨论的话题。

　　在电商道路上挣扎的10年间，腾讯经手的电商平台不少，无论是拍拍、QQ网购，还是收购的易迅、柯兰钻石，似乎都难逃不火的命运。因此，不少人对微信小店的前途并不看好。

　　可是，腾讯并不是一个甘心在电商领域投降的企业，也不甘心被强大的阿里巴巴压住。

　　微信不缺用户流量、不缺粉丝，而电商道路上重要的支付环节，微信也不缺。之前，腾讯有属于自己的第三方支付——财付通。在微信使用流量大涨的情况下，腾讯又创建了另一个第三方支付平台——微信支付。而在商家方面，微信同样不缺。单单凭借着巨大的用户流量和每天极高的使用频率，就足够吸引各种知名的、不知名的商家入驻。

　　所以，从某种意义上来说，微信小店是电商发展的新趋势，它将会带来电商格局的新变化。

　　有人说，腾讯在流量、支付手段都完备的情况下，打出微信小店的牌子，本身就是"支付宝+淘宝天猫"的模式。其实，准确来说，微信小店剑指的是天猫。

虽同为阿里巴巴旗下的电商平台，淘宝同天猫有着不小的差别。有人这样形容：淘宝是乱哄哄的集市，天猫是大型的购物商场。这个形象的比喻，将淘宝同天猫的区别一语道破。淘宝对应的是个人商家，门槛较低，任何人都可以开店，产品良莠不齐；天猫商城对应的是企业商家，商品必须有一定的品牌，开店也需要交付一定的保证金，门槛较高，产品的质量相对有保证。

腾讯推出微信小店这个电商平台，就是为了避免淘宝网存在的不诚信和假货现象，打造较为正规、可信的购物平台。从这个角度来说，微信小店是对天猫的承袭，也是对阿里巴巴的天猫商城发起的挑战。

在中国的移动电商平台上，天猫位居第一。在产品购物、支付环境、客户流量上，目前天猫商城有着不可动摇的地位。只要想到网购，我们脑海里首先想到的是淘宝、天猫。而提及网上支付，我们用得最多的是支付宝。天猫的使用频率让其他移动电商羡慕不已，却又无可奈何。在这样的现实情况下，似乎没有什么力量能与占据移动电商半壁江山的阿里巴巴一决高下。

因此，在微信小店刚刚推出的时候，很多人都说，它很难拼得过淘宝与天猫。毕竟，淘宝和天猫起步早、平台大，提供的产品种类齐全，客户流量大。这是事实，也是淘宝与天猫的竞争优势。

可是，作为后起之秀，腾讯推出的微信小店绝不是对天猫的简单复制。微信小店有着自身的特色。

微信是一个极其宽广的社交平台。微信小店是基于社交基础重点推出的生活平台，又是在生活平台的基础上，打造出的网上购物平台。而天猫、淘宝只是一个购物平台。有人说，阿里巴巴让天猫、淘宝成为网购的代名词，而腾讯则是努力让微信小店成为日常生活中的必需品。

微信小店不仅是移动电商，更是社交电商。买家在淘宝、天猫上购物是通过搜索，再次购物可能还是通过搜索的方式。而微信小店则不同，买家购买产品很可能是因为粉丝效应，是口碑营销的结果，后者的用户黏性比前者大很多。

当然，我们不可否认，新生的微信小店也存在一定的问题。

淘宝、天猫采用开放式的模式，微信小店相对比较封闭。虽然微信小店号称是零门槛开店，但是，微信支付接口需要缴纳2万元押金，并不是所有人都能开微信小店，这在一定程度上对微信小店的商家有了一定的限制，让不少没资金的创业者望而却步。不过，这也是微信小店注重用户体验和保证产品质量的手段，在一定程度上保证了高诚信。在微信小店逐渐发展的过程中，如果微信小店向个人开放，就会成为下一个淘宝网。不过，微信小店的目标是天猫。

作为支付宝的"对头"——微信支付，其安全问题也是众人关心的对象。通过绑定银行卡就可以实现支付功能，这样简单的操作让不少人担忧它的安全性。

微信小店的长期发展还难以预测，但是从另一方面来说，腾讯始终是在用心打造属于自己的原生态电商平台，在微信小店推出之初，存在一些问题和争议也属正常。

相信随着时间的推移，微信平台建设将会日益完善，微信版本的不断更新，会使微信小店的稚嫩状况有所改善。微信小店就像新生的婴儿，在体质、力量方面有待成长，它的前途不可限量。它6亿的用户流量，日渐完善的微信支付，加上它以熟人为纽带的社交平台，将改变单一的购物环境，或许会成为下一个天猫商城。

第二章
"涨姿势"：什么是微信小店

　　在2014年的电商领域，微信小店是一个新生儿。作为腾讯在电商领域翻身的筹码，微信小店是电商平台，但却又不同于淘宝、天猫。在"出道"之初，微信小店就向世人展现了它独特的魅力。

微信小店，腾讯进攻阿里的又一张王牌

作为中国互联网界两个强有力的领头羊，腾讯同阿里巴巴势同水火。一直以来，这两大互联网公司都在围绕着社交、软件、电商交战不止。当腾讯用QQ、微信两大社交平台赚取了大量的用户流量时，阿里巴巴收购了微博与陌陌的部分股权，在社交平台方面的力量同样不可小觑。

在电商领域的竞争中，微信小店的出现使腾讯同阿里巴巴的战斗进入了白热化的状态。不少人表示，微信小店是腾讯进攻阿里巴巴的武器。

商场是一个无比热闹的地方，不管你有多强大，站得有多高，总会面临竞争对手层出不穷的挑战。阿里巴巴可谓电商领域的王者，但来自竞争对手腾讯的挑战始终伴随左右。

从2005年到2014年，在电商道路上，腾讯已走了近10年之久。可是，10年的辛苦耕耘并没有收到相应的回报，腾讯始终没有在电商的红榜上看到与自己的付出相对等的成绩。虽然在中国电商的排名中，腾讯电商位于第四位，但是市场份额却不足4%，根本没法同阿里巴巴相比。

然而，同阿里巴巴一样，腾讯同样是一个创造神话的公司。当年的不景气差点让马化腾出售QQ，可也正是QQ成就了腾讯的"企鹅帝国"。所以，在电商道路上，腾讯也许会再次创造一个QQ这样的神话。

实际上，腾讯一直在电商领域默默耕耘。

2005年9月，腾讯推出自己的网上在线支付平台——财付通。推出之后，便同拍拍网、腾讯QQ相融合，占据的市场份额仅次于阿里巴巴的支付宝。

然而，支付宝仅比财付通早9个月诞生，交易份额却是财付通无法企及的。虽然在第三方支付平台上，财付通一直在同支付宝抗衡，但是想要超越支付宝却很难。一直以来，腾讯在电商领域都没有形成一个强大的交易平台，无法为财付通提供淘宝那样的大流量。所以，就财付通来说，不足以对阿里巴巴造成威胁。

腾讯数次进攻电商领域的举措都没有取得明显的成功，似乎总是在小打小闹。然而这次，从微信这个社交平台入手进攻电商领域，是腾讯一个非常聪明的做法。

2011年，腾讯推出作为"一个生活方式"的微信。对于一直在社交领域做得比较成功的腾讯，最初阿里巴巴对微信的推出并没有表现出足够的重视。毕竟，对于阿里巴巴来说，电商才是最为重要的领域。可是，随着微信的迅速发展，其庞大的用户基数让淘宝卖家无法拒绝微信的用户流量。有人曾预测，只要腾讯在微信上为商家提供一个买卖平台和销售渠道，腾讯将会对阿里巴巴的电商流量造成巨大的分流，影响目前的电商格局。

腾讯用自己的实际行动证明了这种预测并不是危言耸听。

随后，在不断更新的版本中，微信日益显示出其超越社交范围的功能，日益商业化。

在电商领域，腾讯深知同阿里巴巴的差距，赶超对手的最好办法就是要好好锤炼自己。

    腾讯在电商领域对阿里巴巴的出击表现得有序而克制。微信公众账号、微信支付、表情商店、游戏中心、二维码扫描等，腾讯一张一张地出牌，最终使微信集社交与购物功能于一体。支付环节的出现意味着微信开始迈向商业化道路，算是彻底点燃了"企鹅帝国"同阿里巴巴在移动支付上的战火。

    随后，为了培养微信用户的支付习惯，腾讯在微信支付上推出打车、电影、团购等多个服务，收到的效果也不错。

    这一步步做法令阿里巴巴意识到了强烈的危机。毕竟，微信是社交平台，有着庞大的用户流量的支撑。而微信的频繁使用，容易令人们对微信支付产生依赖。如果腾讯再推出属于自己的电商平台，那将会对阿里巴巴产生致命威胁。所以，在微信支付出现之后，据说阿里人"怒不可遏"地说："阿里人要杀去南极洲，该砸的就砸，该摔的就狠狠地摔。"在阿里巴巴看来，腾讯推出微信支付的行为是对阿里巴巴的入侵，是将箭射到了阿里巴巴的家门口。

    可是，商场从来都是充满战争的，虽然在电商领域阿里巴巴一直一枝独秀，而且中国的电商也是在阿里巴巴的手中兴起的，但是对于一个有商机的市场，后来者的进攻是无法避免的，更何况是同样为互联网大鳄的腾讯。

    任何一家企业都不可缺少忧患意识，对于一个王者企业来说更需要时刻警惕。虽然目前在电商领域，腾讯还不能算是阿里巴巴的劲敌，但是对于腾讯布局电商领域的举动，阿里巴巴都有相应的对策。

    2013年7月，阿里巴巴暂停了微信的第三方应用服务。为了遏止微信对阿里巴巴电商领域的影响，阿里巴巴屏蔽了微信淘宝类营销的数据接口。2013年8月，面对腾讯的进攻，阿里巴巴屏蔽了能够指向其他网购平台的外链二维码。阿里巴巴的这个举措，导致淘宝卖家的微信公众账号和微信产品的网页无法跳转至淘宝链接页面。

然而，腾讯对移动电商雄心勃勃，阿里巴巴即使屏蔽了微信，腾讯的微信小店还是会推出。

就在腾讯"忍痛割爱"将自己的电商资产"下嫁"给京东之后，人们纷纷猜测腾讯这是识趣地"知难而退"。可是，在已经推出微信支付，微信已经展露出无限商机的时候，腾讯不可能收手。在为微信平台和微信支付打好基础，在向京东开放微信入口，实现用户流量共享的时候，腾讯终于向阿里巴巴亮出了自己的又一张王牌——微信小店。

微信公众平台向所有人宣布：微信用户只要开通了微信支付功能的认证服务号，即可在微信公众平台上申请开通微信小店，实现在微信上快速开店的愿望。

在中国互联网公司中，阿里巴巴以做足、做透电子商务而成为中国互联网的神话。互联网时代，只要是坐在电脑旁边没事，就会习惯性地点开淘宝或者天猫，过一把购物瘾。就连每年的"光棍节"（11月11日），都被阿里巴巴打造成了一年一度的"购物狂欢节"。还有"双十二"（12月12日）、圣诞节、春节、情人节……这些节日都是阿里巴巴的"赚钱日"。这些年来，阿里巴巴在电商领域所付出的艰辛努力众人有目共睹，也得到了相应的回报，淘宝、天猫成了中国人网购的代名词，市场份额遥遥领先。在电商领域，阿里巴巴无疑极其成功。即使是以搜索功能为核心基因的百度也无法在电商领域同阿里巴巴相抗衡。

然而，腾讯微信小店的推出，无论是从支付环节还是从电商平台来看，都是在同阿里巴巴"抢饭碗"。虽然，在互联网业界，同阿里巴巴抢电商饭碗的不少，可是真正对其形成威胁的是正在兴起的微信小店。

在移动互联网时代，人们追求方便、快捷、轻松的购物方式。随着智能手机的普及，越来越多的人习惯在手机上浏览网页，利用零碎的时间完成购物。移动电商是一种趋势。所以，淘宝、天猫、聚美优品等纷纷开发出手机客户端。而已经成为人们生活必不可少的微信平台，有着天然的用户优势。微信小店基于微信公众账号，通过微信支付销售商品。从这方面来说，微信小店是腾讯打造的原生态的微电商，更加符合移动互联网时代人们对网上购物的需求。在原有的社交平台上打造出购物平台，这是淘宝和天猫所没有的优势。

不少商家在微信小店推出之后，嗅到了电商时代将要面临的变革，纷纷入驻微信小店，从"美丽说"到"印美图"，再到无数的甜点食品店，大商家、小商家都对这个电商时代的新物种兴趣颇高。

"阳光印网"是一站式网上印刷平台。自腾讯推出微信小店，阳光印网便紧随时尚潮流，入驻了微信小店。在阳光印网的微信小店中，名片、宣传册、纸袋、画册、办公用品、纪念品等印刷品被清晰地分类标识出来，满足了用户的需求，让用户获得了更加方便、快捷、实惠的印刷服务，也更有利于阳光印网的专业化发展。

虽然微信小店是电商领域的新产物，同淘宝、天猫一样，逃不开电商的模式。但是，微信小店又有所不同。它"小而美"，不会像淘宝和天猫那样信息庞杂。微信用户只要关注一个商家的微信公众账号，就可进入商家的微信小店，看到商家所售的商品，页面布局简洁直观。这在一定程度上避免了像浏览淘宝那样出现视觉疲劳。

同时，微信小店是精准营销、粉丝营销，不像淘宝和天猫那样，通过强大的搜索功能实现用户的购买行为。

国内著名咨询公司易观国际的调查数据称，有1/3的淘宝卖家通过微信公众账号进行相关的产品推广和销售，可是，这种宣传推广有些杂乱。而微信小店的推出，会在很大程度上为淘宝卖家提供另一种推广方式。

如果腾讯能够把微信和QQ的用户流量充分地利用起来，结合微信小店，对阿里巴巴的电商平台将造成很大的威胁，从而彻底碰触阿里巴巴的根基，在"进攻"阿里巴巴的支付环节之后，在电商平台撼动阿里巴巴的地位。马云也在微信的侵袭之下坦言："我开始害怕微信了！"

微店与微信小店，同宗不同源

在人人皆言创业的今天，创业的机会层出不穷。互联网新技术花样出新，正颠覆与改写着创业史。传统的创业第一要务是解决创业资金问题。毕竟，巧妇难为无米之炊，没有启动资金，再好的项目也只能束之高阁。

而电商的出现，颠覆了很多传统的商业规则。资金的壁垒正在降低，经验也不再是必需的（过多传统的商业经验反而会成为桎梏），渠道更是低成本搭建、病毒式扩散。来自互联网的商业变革，让传统的商界人士手足无措。

日渐兴起的移动互联网将触角深入每一个人的生活，伴随而来的商业模式创新更是摧枯拉朽般猛烈。拥有数亿用户的聊天工具——微信，开始试水电商，推出了微信支付，这宣告一种新的商业模式的诞生。

鲁迅先生说过："即使天才，在生下来的时候的第一声啼哭，也和平常的儿童一样，决不会就是一首好诗。"而微信小店出生后发出的第一声啼哭，却格外响亮。

小雅是一位刚刚毕业的大学生。因为自己的牙齿不美，她没有投身职场，而是选择了创业。她无意间在网络上了解到了阿虎烧烤是如何利用微博、微信把路边烧烤越做越大的，喜欢吃甜点的她，决定从甜点入手开始创业。

小雅同时利用微博和微信宣传自己的甜点。随着生意越来越好，她开始与当地的电影院、咖啡厅及美团网等网站联合，把她的甜点作为福利，用户只要进入这些联合商家，关注她的微信号，就可以得到一份甜点。有了这样的联合后，她的用户数据增长得非常快，订单也越来越多。小雅白手起家开设的线上甜品店，平均月收入高达15万元，即使在淡季的时候，她的月收入也能达到10万元。

从这个案例中，我们可以得到一个信息：大学生创业不再是异想天开的事情，而且随着"微经济"时代的到来，资金不再是创业者的障碍。案例中的这位大学生从零起步到创业成功，为大家做了一个很好的示范。

的确，如今的年轻一代，面临着很大的就业压力。年轻的80后、90后喜欢自由，不想被束缚，于是他们中的很多人大学还没毕业，就开始尝试创业，而年轻的他们都有一个最佳的创业工具——手机，无论是在公交上、地铁上还是蹲厕所的时候，都离不开手机。

先是手机QQ，接着是微博，现在这些都out了，微信成了他们每天必关注的对象。微信没有辜负他们这些"有心人"，先是微信支付出现，紧接着是微店浮出水面，紧跟其后微信小店也闪亮登场了。微信支付为微店和微信小店的发展奠定了坚实的基础。零投入的微店的出现让他们万分激动，就在他们对微店还处于懵懂状态的时候，微信小店的横空出世，将这帮年轻人弄晕了：微店和微信小店，不是一回事吗？

作为同是利用微信实现开店梦想的平台，微店同微信小店有相似的地方。

不论是微店还是微信小店，商家都可以通过微信这个平台推广商品，都可以通过微信的"扫一扫"功能关注店铺，也都是在利用微信中朋友圈和粉丝的力量销售产品。但是，微店同微信小店还是有很大的区别。

1. 运营方不同

微店采用的是云销售模式，是用户在手机上利用微信平台免费开店的一款软件。微店的运营方是深圳市云商店网络技术有限公司，而微信小店的运营方是腾讯，它是腾讯利用微信公众平台创建的一种移动电商模式。

2. 开店条件不同

开微店是零门槛、零成本，只要在应用商店中搜索到"微店"应用，1分钟就可以完成软件下载，再花1分钟就可以完成注册，最后将自己的手机号与银行卡号绑定，就可以开微店了。

而开微信小店则必须具备以下条件：首先要申请一个服务号；其次是要开通微信支付接口；最后要缴纳2万元的微信支付接口押金，而且服务号和支付接口必须得到企业的认证。

在开店门槛上，微信小店要比微店高。这也在一定程度上决定了微信小店是B2C模式，而微店可以是C2C模式。

3. 运营方式不同

微店的运营方式是：微店主不用管理商品、发货等，即不用像淘宝电商那样负责客服、管理商品联系物流等。微店中这些程序都是由商品供应商处理的，微店主只需在朋友圈转发商品即可，也就是为供应商推广商品，从中获得一定的交易佣金。

而作为一个电商平台的微信小店，运营方式就比较丰富。它采用类似淘宝的电商模式，微信小店的店主从开店到商品上架，再到接下来的货架管理、客户维护等都需要自己打理，货款回收也是通过第三方平台微信支付进行的。

微店和微信小店的属性、开店条件、运营模式是不同的，在本质上有很大区别。可以说，微店采用的是一种类似百度推广的模式，而微信小店则采用了类似天猫的电商模式；微店是适合职场白领们做的一份比较轻松的兼职，因为它不需要花费精力去打理，只需与你的微信好友分享产品信息即可；微信小店则适合创业者，是一种投资小、收益快的新型电商模式。

而在微时代，微信小店的出现更符合移动电商的要求，它为更有实力的商家提供服务。

微信小店，腾讯电商的"正规军"

就在大家对在朋友圈中展示商品、赚取人气的商业化方式跃跃欲试之时，腾讯紧锣密鼓地推出了微信小店。微信小店的出现预示着2014年中国移动互联网领域的变革。其实，作为中国用户流量最大的互联网企业，腾讯的任何举措都受人瞩目。但是，这一次真的不只是受人瞩目这么简单。

有人说微信小店是腾讯电商的"正规军"，是腾讯宣战阿里巴巴最大的筹码。在腾讯努力打造的所有电商平台中，用"正规军"这三个字来描述微信小店在其中的地位是再合适不过的。

微信小店使在电商领域一直默默无闻的腾讯一鸣惊人，让人们看到它的电商野心。微信小店是微时代下腾讯对电商领域一次大的出击。

互联网给我们的生活带来种种便利，网上购物成为一个必然的趋势。作为第一个吃螃蟹的人，阿里巴巴有着超乎常人的勇气。而在它品尝了电商这个巨大而味美的螃蟹之后，也让后来者们垂涎不已。

2005年，腾讯推出自己的在线支付平台——财付通，显露出进军电商领域的苗头。2006年，就在阿里巴巴在电商领域初有战绩之时，在社交领域拔得头筹的腾讯也开始正式试水电商。于是，腾讯C2C模式的拍拍网电商平台出世，标志着腾讯在电商领域踏出了第一步。

2010年3月，腾讯开始涉足电子商务的B2C模式，推出QQ商城。随后，腾讯又推出类B2C模式的QQ网购。在自己大型的社交平台QQ的基础上推出QQ商城和QQ网购这两个电商平台，是腾讯在电商领域做出的又一次努力。

在产业资本抢购电商大战的浪潮中，腾讯又投资了易迅、好乐买、柯兰钻石、高朋等。于是，在电商道路上，腾讯一手投资，一手收购，可谓是双管齐下，无比用心，对拍拍网、QQ商城、QQ网购、易迅等倾注了巨大的希望。

腾讯的拍拍网最初取得的成绩不错，但却在2007年开始衰败，最后只能眼睁睁地看着淘宝遥遥领先。虽然腾讯投资加收购的电商平台不少，但是，这些电商平台都没有组成一支强有力的"军队"，达到腾讯在电商领域的巨大期望，对阿里巴巴和京东形成致命威胁。马化腾曾坦言，腾讯在电商道路上走了太多的"弯路"。

2013年，为了扭转电商领域的局面，腾讯就旗下的电商平台实行差异化策略，对旗下的电商"军队"进行整合。易迅侧重自营，QQ网购和QQ商城合并后以QQ网购的形式出现，走精品购物品牌的道路。同时，为了优化QQ网购，腾讯将QQ网购平台上七成以上的商家淘汰给拍拍网。

在实行电商领域的差异化策略时，腾讯也积极努力地打造自己的另一个社交平台——微信。

在腾讯推出微信的时候，相信很多人都不会想到，微信这个社交平台竟然是腾讯为进攻电商领域倾心培养的"精锐部队"。朋友圈，微信公众账号的服务号、订阅号，朋友圈中的分享功能，微信支付……腾讯的每一步都在为这支"正规军"做准备工作。

微信小店是腾讯倾心打造的原生态电商。不同于腾讯以往的电商平台，微信小店这支"正规军"装备精良，在移动通信和互联网相结合的当今，它的登场似乎更加符合移动电商的要求。

移动通信和互联网相结合，再加上电子商务，便产生了移动电商，它将互联网、移动通信技术、短距离通信技术及其他信息处理技术完美结合。在移动电商时代，人们希望能够利用手机、掌上电脑等无线终端随时随地、线上线下实现商品交易活动。所以，无论是淘宝、天猫，或是京东商城、国美在线，都有手机客户端，以期最大限度地满足人们的购物需求。对于移动电商的这个要求，微信小店完全满足。

综观我们的生活，很多人在空闲时间里都活跃在微信的世界中。哪怕是朋友聚会，闲谈几句之后，都会拍照上传朋友圈，就连餐桌上的美味佳肴也成为微信朋友圈中分享的热门内容。微信能随时随地、无障碍交流与分享的特点为腾讯打造购物平台提供了良好的基础。而微信小店更是顺势而生，有着精良的"武器"。

首先，微信小店的用户流量大。同QQ一样，微信是腾讯在社交领域送给众人的又一个礼物。

不可否认，腾讯的社交产品是成功的。无论是当年的QQ还是现在的微信，都是众人心目中绝佳的聊天工具。相比微博，QQ和微信更加大众化、生活化。而从生活化入手，也最容易改变人们的习惯。从推出到不断更新完善，微信成功地进入人们的生活，人们习惯了随时随地用微信聊天、关注朋友动态、关注周遭的信息。许多人每天吃饭、睡觉、上班路上都不停地刷新微信，在其中加入购物元素，更能满足现在快节奏生活之下人们对网购简单、快捷、省时、省心的诉求。所以，人们对微信极高的关注度和使用频率有利于在移动购物中对微信小店形成购买习惯。

其次，微信小店在技术上没有门槛，让即使不懂技术的"小白"商家也可以开启属于自己的电商模式，方便快捷，这在一定程度上吸引了不少人。

最后，微信小店有独立的支付平台。电子商务必不可少的环节——支付，是众多电商都在努力打造的。在支付领域，每年成交量最高的无疑是阿里巴巴的支付宝。支付宝经过多年的打磨，已是较成熟的在线支付工具。人们也习惯了运用支付宝完成支付、转账等一系列的在线金融活动。从2005年开始，腾讯一直在打造自己的在线支付工具——财付通。可是，财付通没有强大的流量支撑，用户对财付通的选择一直排在支付宝之后。如果腾讯能够培养人们在支付宝之外的支付工具使用习惯，对于自身的电商平台的打造是非常有利的。所以，在QQ钱包之后，腾讯再次打造出一个更加强大的在线支付平台——微信支付。在生活中培养人们的支付习惯，似乎比在购物中培养人们的支付习惯技高一筹。

同为电商平台，微信小店在功能上同淘宝的店铺管理功能差不多。但是，作为腾讯移动电商"正规军"的微信小店具有移动互联网超级入口的特质。于是，有专家分析，微信小店可以是C2C纯线上电商，有自媒体、导购类网站，可以是品牌商，也可以成为同生活服务类相关的"小而美"电商。实际上，这三条发展道路，微信小店都潜力无限。

虽然开通微信小店需要缴付2万元的保证金，这限制了一些商户，但微信小店也给有实力的商家提供了一个"转正"的机会，让它们摆脱了在朋友圈发广告或者依托第三方开发微店、微商城的局面，畅通无阻地在官方平台上开设属于自己的店铺。不少商家也确实从微信小店中获得了可观的利益。

"好药师"是首批开设微信小店的商家，也是首家开通微信支付的药品销售连锁企业。在开通微信小店之后，"好药师"微信小店上用户和订单量每天都在以20%~30%的幅度上涨，成为好药师移动端的主要收入渠道。

　　顺应时代要求，自身又有优势，腾讯电商的"正规军"——微信小店既是腾讯在电商领域实现"逆袭"的法宝，也是商家在移动电商的时代之下实现集聚财富梦想的工具。

微信小店来袭，京东微店或被边缘化

在腾讯潇洒地推出属于自己的原生态电商——微信小店之后，很多人开始为京东打抱不平。因为，2014年3月，腾讯刚刚同京东联姻，将自己的电商资产并入京东，并为京东开放QQ和微信入口，双方实现海量用户流量的共享。互联网界多年的宿敌握手言和，在业务上达成合作。

可是就在京东宣布开通微信入口没多久，腾讯便推出自己的原生态微电商——微信小店，这多少让京东有些措手不及。

在腾讯推出微信小店的三个月前，为了能与京东达成战略合作，腾讯曾向京东许诺，不会从事电商业务，更不会同京东在电商领域形成竞争。可是，就在联姻后的几个月，腾讯就"背弃"了原有的承诺，大举展开自己对移动电商领域的进攻。

商场如战场，竞争与合作关系都是瞬息万变的。事实上，腾讯开通微信小店并没有阻断同京东的合作，京东依然会获得腾讯大量的用户流量，拓展自己的电商平台。在移动互联网时代，移动电商是企业的一个转型契机，腾讯只有抓住移动电商领域的机会，实现在移动电商领域的华丽转身，才能在互联网界继续立足与发展。

在京东同腾讯达成业务合作之后，京东整合了拍拍网、QQ网购和易迅。

而在得到微信入口后，京东也正式入驻微信，获得微信"发现"频道下的一级入口和"购物"、"我的银行卡"下的"精选商城"的二级入口。京东在获得了微信入口之后，便推出了京东微店。

其实，京东微店的前身是"拍拍微店"。而拍拍微店是腾讯依据微信平台建立的电商。在腾讯将旗下的电商资产并入京东之后，京东便将拍拍微店改名为"京东微店"，拍拍微店也将订阅号变为了服务号。可以说，京东微店是拍拍微店并入京东后的升级版。不少人调侃说，京东微店只是拍拍微店换了一个"马甲"而已。

为了方便用户快速识别，京东微店的搜索排名会靠前。京东在分享微信的海量用户流量的同时，也壮大了微信的B2C和C2C电商资源。

自京东同腾讯合作以后，京东确实从腾讯为其开放的微信入口获得了较为实在的利益。毕竟在用户流量为王的移动互联网时代，用户流量对移动电商而言意味着巨大的利润。而京东的财报则显示，京东商城在未开通微信入口的时候，移动端订单数占总订单数的18%；而在开通微信入口之后，这个数据上升了6%。与腾讯合作，从腾讯那里获得微信入口，对于京东而言是一个并不吃亏的买卖。

但与此同时，微信公众平台推出的微信小店也拉开了腾讯微信小店同京东微店之间的博弈。

有人说，腾讯推出的微信小店在对阿里巴巴形成威胁的同时，也会在很大程度上使京东微店被边缘化。

面对业界关于京东微店将被边缘化的质疑，京东的内部人士则认为，京东微店与腾讯的微信小店并不冲突，两者存在着很大的差异。

首先，京东微店对商家有要求，只有京东商城的入驻商家才可以开通京东微店。而微信小店开放程度要比京东微店大很多。同时，相较于只是提供基础服务的微信小店，京东微店提供给商家包括物流在内的每一个电商服务环节，服务面要比微信小店广。依此两点，京东微店同微信小店不存在冲突。并且，京东还欢迎高品质的微信小店商家入驻京东平台。

然而，京东微店与微信小店在电商方面存在业务的交叉，在共享同一个用户流量的时候，不可避免地会产生一定的竞争。

有人说，腾讯同京东的联合动机并不单纯，是别有用心之举。腾讯有意将易迅、拍拍网这样的"重电商"扔给京东，自己却另辟蹊径，从"轻电商"——微信小店入手。所以，当腾讯在微信平台上开放了属于自己的微信小店的时候，很大程度上会对京东在移动客户端上的用户流量造成影响，对京东微店形成威胁。

一直以来，流量、入口、支付是京东的短板。同腾讯合作，京东无疑是冲着这三个方面的资源而来。

从流量的角度来说，由于庞大的用户流量基数，微信小店会成为很多商家的选择。对于微信用户而言，在日常的关注微信状态的过程中就可实现购物，实在比逛京东微店要方便得多。在这一方面，京东微店同其他的购物平台面临同样的劣势。

同时，京东在支付方面一直发展薄弱，最近才有了自己的支付平台。而在同腾讯联合之后，京东虽可以依靠财付通和微信支付，可京东微店的支付环节仍是以财付通为基础，并不是以微信支付为基础。但是，入驻京东微店的商家会面临一种情况，在开通京东微店之后，若想利用微信支付实现支付环节，仍旧需要为微信支付缴纳2万元押金。对于商家来说，还不如直接开通微信小店，直接在微信这个社交平台上实现交易。

而京东微店在商家选择上也有限制，只有京东的商家或者QQ网购的商家才能开通京东微店。而微信小店在这一方面并没有限制，能给更多的商家提供微电商的入口。

同时，微信小店作为一个健康的电商平台，提供的不仅仅是基础服务，而是同其他电商一样，兼顾每一个环节。

同微信的联合带给京东微店不少好处，但是微信作为腾讯一手打造的社交平台，肯定首先服务于自己的电商平台。

如果腾讯没有推出微信小店，那么京东微店就独占了支付、流量的优势，势必会在微电商时代引人瞩目。但是，对于腾讯而言，围绕着微信所做的电商准备工作已经完备的情况下，微信小店这个微电商的开通是必然的事情。而随着微信小店的日益完善，微信小店必定会成为微电商的核心，同在微信的京东微店就将面临被边缘化的危机。

第三章
赶潮流：微信小店这样开

　　时代总是会赠予第一批发现者、顺势而为者丰厚的礼物。作为微时代下的产物，微信小店是潮流时尚，也是时代的召唤。作为电子商务的新趋势，微信小店是你不可再错过，也不能再拒绝的机遇。

微信小店开店全步骤

如果当年你错过了开淘宝店的时机,那么如今在微信小店掀起电商新潮流的时候,一定不要再错过这次移动互联网时代的机遇。

互联网时代,信息不断更新。当作为社交平台的微信成功地在电商领域掀起"微信营销"的新概念的时候,微店、微信小店成功地走进我们的视野。如果你想涉足电商,不妨考虑微信小店。

微信小店一经推出就吸引了很多人的注意。许多人都跃跃欲试,但却对于如何开通微信小店并不清楚。

现在,让我们来梳理一下开通微信小店的具体步骤。

一、注册微信号

微信小店是搭建在微信公众平台上的一种虚拟店铺,所以个人微信账号并不是必需的,但是可以方便我们与客户进行一对一的交流,也可以丰富我们的宣传推广渠道与方式。再加上微信的注册非常简单,所以,在此还是推荐每一个开设微信小店的商家都注册一个专用的微信号。

注册微信号前,我们需要先安装微信软件,可以用手机在网上直接搜索下载,也可以先在电脑平台上下载后再传输到手机中,之后在手机中找到下载好的微信软件并打开,按照提示点击"安装",等待整个安装过程完成后打开微信，即会出现微信的登录和注册界面。

点击界面中的"注册"按钮，便进入了手机号注册界面。首先在上方选择你所处的国家和地区，然后在下方的输入框中填写用于注册的手机号码。接下来阅读并勾选同意《腾讯微信软件许可及服务协议》后点击"注册"。此时，会出现提示，微信官方将发送一条验证码给用于注册微信的手机号码，点击确定后，一般几秒钟内即可收到微信的验证码。在输入栏中输入刚刚收到的微信验证码，并填写自己的昵称，最后点击"注册"，即可完成整个微信注册过程。

由于微信是可以和QQ号捆绑的，所以我们也可以使用自己已有的QQ号直接登录微信。在微信的登录和注册界面中选择"登录"，输入我们的QQ号和密码，点击下方的"登录"，首次登录会要求我们填写微信的昵称，填写好昵称后点击"下一步"即可成功登录微信。

在有QQ号的前提下，一般推荐使用QQ号直接登录的方式来获取微信号，因为这种方式更加方便、快捷。更重要的是，通过这种方式直接登录微信，即可在微信中共享QQ好友信息，而不必再去一个个寻找、询问好友的微信号后再一一添加。如果你的QQ号中有大量的好友资源，这种做法就可以为你省去建立人脉资源的许多麻烦。只要用QQ号登录微信，我们就可以直接QQ好友发送信息了。

注册微信

注册完微信后，我们还可以进一步完善自己的个人信息。在微信下方的功能菜单中选择最右侧的"我"，在新界面中

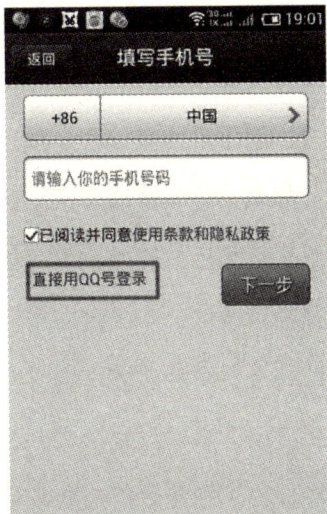

点击最上方的昵称即可进入"个人信息"界面。由于微信是朋友圈交流的工具，所以我们填写的个人资料和头像最好和现实的你保持一致，这样，好友们更容易认出你，也更容易展示出一个真实的你。

除了完善个人信息，我们还可以修改微信号。在"个人信息"界面中选择"微信号"，即可在输入栏中填写我们想要设置的新微信号。微信号是账号的唯一凭证，只能修改一次，所以它就像我们的名字一样，要起就一定要起好。填写好新的微信号后点击"确认"，只要该微信号目前尚无人使用即可修改成功。在修改成功后，我们还可以为微信号设置独立的登录密码，进一步保证微信账号的安全性。

二、申请微信公众号

微信公众号是建立微信小店的基础和关键，不仅是因为微信小店要搭建在微信公众账号内部，没有公众账号就无法开微信小店，而且，微信公众账号也是我们进行宣传推广、开展营销活动的主力平台。所以，申请微信公众账号是开设微信小店不可或缺的首要步骤。

想要申请微信公众账号，首先要在搜索引擎中输入"微信公众平台"进行搜索，进入微信公众平台后，点击右上角的"立即注册"，即可转入注册界面。然后按照提示填写基本信息，首要填写的是个人邮箱，邮箱是我们用来登录微信公众平台的账号，而且还需要接收公众平台发送的激活邮件，因此务必要使用常用的邮箱并保证填写无误。

接下来要设定密码。密码要求6位以上，可以使用数字、字母、英文符号。为了确保微信公众账号的安全，密码最好使用数字、字母、符号混搭，并区分大小写。同时，微信公众账号的密码最好和注册用的邮箱密码区分开来。

　　然后，再输入一次账号密码，确认无误后，在下方填写验证码。最后阅读完《微信公众平台服务协议》，并勾选"我同意并遵守"后点击下方的"注册"按钮，即可完成基本信息的录入。

　　一般，在我们点击"注册"后就会立即收到发送到注册用邮箱内的激活邮件，如果等了一两分钟也没能收到，就要先核对邮箱是否填写正确，若确认无误可点击"重新发送"。当成功收到激活邮件后，进入邮箱打开邮件，按照邮件的指示内容点击链接以激活微信公众账号。

　　在账号激活完毕后，会出现新的基本信息完善界面，以验证申请人的身份。这里有四个选项："政府""媒体""企业""其他组织"。由于我们申请微信公众账号是为了开通和经营微信小店，所以在此我们选择"企业"，并按照要求完善企业的基本信息，主要包括企业名称、企业邮箱、企业地址、邮编、营业执照注册号、营业执照住所地、成立日期、营业期限、经营范围等。然后，需上传营业执照副本扫描件。上传完毕后，在下方填写手机号码并点击"发送验证码"，在手机查看收到的验证短信，将验证码填写进输入框中。按照提示下载微信公众号官方的授权运营书，并按要求填写表格后加盖企业公章，再次上传填写完毕的授权运营书的电子版文件。

　　在完善企业信息后，点击"继续"，系统会要求我们选择成为服务号还是订阅号。一旦申请了服务号就无法再次修改，而申请为订阅号后还有一次升级为服务号的机会，一旦升级后也无法再次修改。服务号和订阅号的功能和针对用户有很大区别，简单来说，服务号是为企业或政府机构能够方便提供自己的服务而设立的，一个月仅能群发4次信息，但可以使用众多的自定义功能；而订阅号主要是供个人或媒体使用的，旨在为关注用户提供好的信息和内容，可以每天群发1次信息，但无法使用公众平台的众多功能。由于微信小店只能由服务号来开通，因此这里必须选择注册为服务号。

选择服务号后要进一步完善公众号信息，主要是公众号的名称和简介。账号名称提交后无法修改，所以我们在起名字时要特别慎重，一定要选择和我们将要经营的商品类别有密切关联的名称，这样才有利于今后的宣传推广。之后，再用一小段话简要表述申请公众账号的目的和功用，并依次选择经营地区、语言、类型。全部填写完成后点击"提交"即可完成注册。

最后需要等待审核，一般7个工作日内即可审核完毕，审核通过后我们就可以在微信公众平台输入账户和密码，登录我们所申请的公众账号了。登录后，我们可以进一步完善公众号信息，比如头像、微信号等。头像可以每月更换一次，微信号则是设置完成后便无法修改。

申请微信公众号

三、为公众号取个好名字

虽然为公众账号取名只是申请过程中的很小一步，但由于账号名称一经确定便无法修改，而且公众账号名称相当于是我们微信小店的店名，对我们日后的推广经营起着至关重要的作用，所以在此将取名环节单独列出来详细讲解。

所谓的好名字，并不只是追求标新立异、意味深长，这样的名字也许能给人留下强烈的第一印象，但也容易使人不知所云，不利于记忆和传播。一个好的公众号名称，创意很重要，但更重要的是要体现出公众号本身的价值、作用、服务、内容、行业等信息，这样才更容易让感兴趣、有需求的人快速关注、快速传播。在这个信息爆炸的时代，谁都不愿意花费时间和精力在自己没有兴趣、没有需求的事物上。

下面，就介绍几种常见的公众号命名方法。

1. 品牌名称+商品类型

一般，经营知名品牌商品时会使用这种命名方式，简单直接，也容易获得关注，因为商品品牌本身就已具备一定的宣传力度。

比如，你要销售耐克的鞋子，就可以命名为"耐克品牌专营店"。如果你只卖篮球鞋，那么就不要浪费精确定位的优势，可以命名为"耐克篮球鞋专营店"。

这种名称可以清楚地告诉用户你是做什么的，而且可以借用品牌固有的口碑进行传播。但同时，这种名称也可能欠缺吸引力，只有有实际需求的用户才会去关注你的公众号，不易扩大粉丝数量。

2. 商品类型+定位语

当你销售一些不知名商品或是将多种品牌商品混合销售时，就不宜使用某种品牌名称来命名了，这时，就要以商品类型和商品定位来作为切入点。

比如，"精品休闲男鞋""精品时尚女鞋"等，准确地将你经营的商品种类和适合的消费人群告知用户。这种命名方式，关键在于定位精准，越是精细，就越容易吸引相应的消费群体。如果经营范围太广，再加上没有品牌优势的支持，用户很容易认为你不够专业，商品不值得信赖。而且，在进行宣传推广时，也不容易抓住重点，营销没有重点，最终的销售效果一定也是成绩平平。

3. 文艺式命名

文艺式命名，就是不直接告知用户你是卖什么的，而是描述一种意境，表达一种生活状态，以此来吸引更多的用户关注。

例如，你经营的是化妆品，就可以命名为"漂亮女人"；经营时尚首饰、服装等，就可以命名为"时尚中心"；经营精美的装饰品或生活用品，就可以命名为"格调生活"等。这种命名方式，就是以产品的特点和诉求为中心，极力发挥自己的想象力，在保证跟商品有联系的情况下，让公众号名称看起来更加新颖，更加有格调。

在为公众号命名时，要注意不能太长也不能太短。名称太长不容易记忆和传播，显得很琐碎，而太短的话又会太过宽泛，很难精准地展现出特点。一般来说，公众号名称长度以6～10个字为宜，关键字以2～3个字为宜。

在命名公众号时，还有以下三点注意事项。

1. 切忌使用生僻、晦涩词汇

微信公众平台是相对封闭的平台，仅靠个人的宣传，效率是比较低的。如果没有强大的宣传渠道和宣传能力，也很难取得好的效果。所以，关注公众号，很多时候要靠用户自己搜索来实现。如果你的公众号名称用词太过生僻晦涩，就很难让用户搜索到。

比如，在取名时，就最好不要使用自己的名字、昵称、网名等来为公众号命名。这种命名方式在开实体店时是较为常见的，但在微信小店的命名中却不是个好的选择。因为用户们基本不知道你的名字或网名，一般也不会用这些词进行搜索，除非你在网络上已经具备了一定的知名度。

2. 不要单独使用宽泛的词汇

公众号的名称要有较强的针对性，针对某一特定群体。如果公众号名称涵盖范围太大，一来不容易在众多类似的公众号中脱颖而出，二来也会让用户感觉很不专业。公众号关键词的设置，一定要和你的微信小店经营领域紧密联系，尽量做到在行业内、地域内的垂直细分，这样才是一个好的公众号名称。

比如，你在北京做餐饮生意，如果仅仅取名为"美食"，可能根本不会有多少人去关注。因为这个名字包含的范围、针对的人群实在太广了，用户们很难注意到。但如果取名为"北京美食"，就锁定了一部分用户群体，在北京地区居住的用户就可能会愿意关注你的公众号。在此基础上，我们还能进一步进行客户细分，比如"北京怀旧美食"、"北京民俗小吃"等，就能进一步与当地竞争者区分开来，让我们的微信小店脱颖而出。

3. 遵守法律法规和社会道德

公众号取名时，考虑法律法规的限制和社会道德的约束也是很重要的，这不仅能确保我们申请的公众号顺利通过审核，也能为日后经营微信小店避免许多麻烦。

首先，在未经授权、不具备相应资质的情况下，不能使用知名企业、品牌、人名、注册商标来命名。例如，"××授权店铺""××官方店铺""××旗舰店""××专卖店"等等,这种类型的名称一定要慎用,除非有相应的使用资格。

其次,公众号要避免政治敏感词语,比如领导人姓名、政党名称等。

最后,公众号要避免一些不符合道德精神的词汇,比如一些含义低俗或者有悖于传统民风民俗的名称。

好的公众号名称,不仅能为日后的宣传推广提供强大的推动力,也能吸引用户主动地去关注,所以务必要结合商品、目标、用户心理几个方面的特点进行思考、确认。

四、开通微信支付

除了微信公众账号外,开通微信小店的另一个必备条件就是开通微信支付,只有开通了微信支付的公众号才能够成功申请微信小店。微信支付是微信联合第三方支付平台财付通推出的全新移动支付产品,旨在为广大微信用户和商户提供更安全、更优质的支付服务。没有可靠方便的第三方支付平台是此前微信商业模式没能大规模兴起的关键问题,如今微信支付的出现,使腾讯真正具备了能与支付宝一较高下的武器,也让众多希望借助微信取得进一步发展的商家看到了微信小店的无穷潜力。

商家要开通微信支付功能,要先以买家身份开通微信支付,用以支付认证费用。首先登录我们的个人微信号,在下方的功能栏中选择"我"进入账号信息设置界面,在该界面中找到"钱包"选项并点击进入。在"我的钱包"界面中点击右上角的按钮弹出菜单,选择第一项"添加银行卡",此时会弹出一个输入框要求你输入需要与微信绑定的银行卡号。输入卡号后点击"下一步",再按要求输入该银行卡的预留手机号码,并勾选《同意微信支付协议》后点击"下一步"。此时填写的手机号码就会收到验证码短信，在输入栏中填写完验证码后再点击"下一步"即可完成微信和银行卡的绑定。

在开通微信支付后，装有微信的智能手机就变成了一个电子钱包，之后在购买任何微信合作商户的商品或服务时，只要在手机上输入支付密码，不需要任何刷卡步骤即可完成在线支付，整个支付流程简便快捷。

接下来，为了开通商户的微信支付功能，还要让公众号通过微信认证。微信认证是微信公众平台为了确保公众账号的信息真实性、安全性而提供的服务，同时也是开通各类高级接口权限的前提条件。

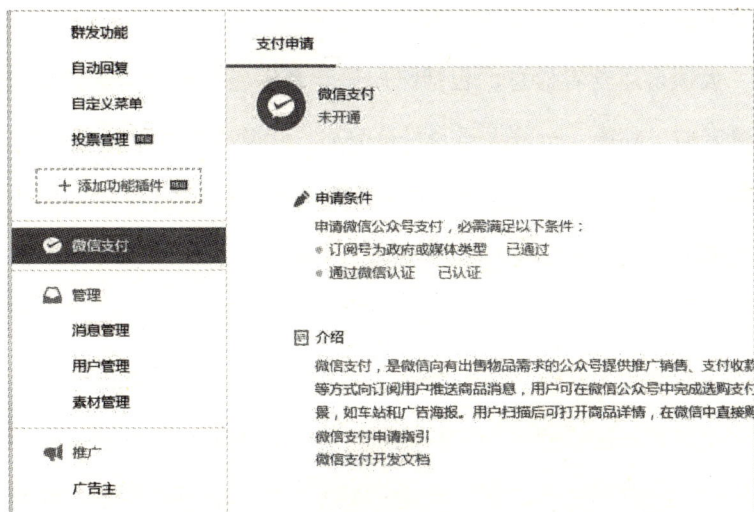

开通微信支付

登录微信公众平台，在左侧的服务功能栏下找到"服务中心"模块，点击进入，在右侧的功能详情栏中找到"微信认证"的选项并点击进入。此时会弹出一段关于微信认证的声明，在该声明下方点击"申请"按钮。在新界面中阅读《微信公众平台认证服务协议》，在勾选"我同意并遵守"后点击"下一步"。此时系统会要求你选择公众号类型，有"企业""网店商家""媒体""政府及事业单位""其他组织"这几大选项，每一个大选项下还有许多细分选项，要根据自己的公众号实际情况选择相应的类型，注意要务必保证真实性，否则将无法通过认证。

然后，根据提示和要求填写、提交必要的审核信息。这里以企业为例，说明通过微信认证具体需要提交哪些信息。

第一大项是企业业务资料，包括企业全称、组织机构代码、工商执照注册号、法定代表人或企业负责人姓名、隶属企业、注册资本金、企业注册地址、企业办公地址、办公电话、经营范围、企业开户名称、企业开户银行、银行账号等。

第二大项是运营者信息，包括账户运营者姓名、账户运营者手机号码、账户运营者电子邮箱、运营人员身份证号码、运营人员身份证彩色扫描件。

第三大项是企业基本信息，包括组织机构代码证扫描件、企业工商营业执照扫描件、申请公函扫描件，还可以自行提交其他证明材料作为辅助资料。

在提交完所有审核资料后，系统会询问你是否要开具发票，若需要开具增值税专用发票，除了要填写收件地址外，还需要提交税务登记证、银行开户证明等的扫描件给腾讯客服，核对资料无误后才能开具发票。如果没有特别的需求，建议选择不开具发票，这样不仅可以省去许多麻烦，还能节约一些认证时间。

之后就要缴纳微信认证的300元费用，目前该费用的缴纳只能通过微信支付来实现，这也是我们之前绑定微信和银行卡的主要用途。按照提示操作，点击"付款"后用微信扫描页面中的二维码，手机即会收到账单，按照账单信息输入支付密码便可完成支付。完成支付后会生成一个订单，订单名称是"微信认证"，订单状态是"已支付，审核中"，这就表示所有认证步骤已经全部完成。

支付完成后，就要等待腾讯官方的认证审核，审核周期一般为15个工作日。微信公众平台页面上有负责认证的第三方审核公司的热线电话，在认证过程中遇到任何问题都可以拨打该号码进行咨询。如果在认证过程中有需要修改的认证资料，也可以联系第三方认证公司进行修改。等到认证通过后，我们即可看到公众账号上出现了"V"的标志。

通过微信认证后，我们就可以开始微信支付的最后一步了，需要注意的是，开通微信支付的公众号主体必须和通过微信认证的主体一致。同样，也是进入微信公众平台的服务功能栏下的"服务中心"模块，选择右侧的"商户功能"，在弹出的新对话框中，会要求填写商户基本资料、业务审核资料、财务审核资料三大项内容。

商户基本资料主要是公司的经营范围、主要商品类型描述、客服电话等内容。业务审核资料需要填写公司名称、地址、网站以及负责人信息，同时还要上传营业执照、组织机构代码证、税务登记证的电子版。财务审核资料则需要填写公司的对公账号，并上传加盖公司公章的银行账户证明函的电子版。

提交完所有材料后，就可以等待微信官方审核，一般审核会在2～7个工作日内完成。我们可以在公众号的通知中心里查看审核进度以及审核是否通过。审核通过后，申请人会收到由财付通发送的包含商户号和初始密钥的邮件以及微信发送的公众平台参数的邮件。

提交资料

| 填写经营信息 | 填写商户信息 | 填写结算账户 | 确认提交 |

联系信息

* 联系人姓名：法人或业务负责人均可
请填写贵司微信支付业务联系人

* 手机号码：+86　建议填写能长期使用的手机号码　已验证 编辑
该号码非常重要，将接收与微信支付管理相关的重要信息

* 常用邮箱：此邮箱用于接收商户开户邮件及密码的重置
建议使用企业邮箱，该邮箱将接收如商户平台登录账号密码等重要信息

经营信息

* 商户简称：可自定义，无需填写企业全称
该名称将于在支付完成页面向消费者进行展示

* 经营类目：您已选择：企业 > 综合商城 > 综合商城 如何选择正确的类目？ 可点击此处查看所销售商品或服务对应的类目

请选择 Q	请选择 Q	请选择 Q
企业	公共事业缴费	综合商城
个体工商户	其他生活缴费	团购
事业单位	医疗	海淘
	快递/货运服务	
请根据证件来选择正确的机构类型	交通运输服务类	
不同机构类型所开放的类目不一致。	房地产	
	通信	
	金融	
	后勤	
	平台商	

请根据执照的类型和实际售卖货物的商品或服务来选择对应的主体类型和类目，不支持跨类目经营；
经营类目在在营业执照范围之内；类目选择后，一经审核通过，即不可修改。
您选择的类目为实物类；后续费率敬的手续费率0.60%，将从每笔交易中扣取；结算周期为T+1，结算规则

* 特殊资质：若商城中含其它需要提供特殊资质送审下物品时，则需要按照要求提供相应的资质证明文件。例如，商城中含食品类，则需要补充《食品流通许可证》或《食品卫生许可证》。
上传文件

* 售卖商品简述：1号店、聚划算、苏宁易购等大型商超（涉及特殊资质请供相关资质）
可针对要销售的服务或商品作举例说明，不支持跨类目。具体可参考右下角的示例

请描述售卖的商品或提供的服务，必须在营业执照经营范围内，且必须与所选类目对应一致。查看示例
请勿直接照抄营业执照中的经营范围，否则将会导致您的申请资料被驳回

* 客服电话：座机或手机均可，请确保此电话是畅通的，审核人员会电话确认申请事项
座机需填写区号，如有分机也请一并填写，如0755-83767777-0000
客服电话仅需提供一个，请保持畅通，否则会影响您的服务质量，微信支付将定期抽查

公司网站：确保填写的网站经营内容与微信支付申请类目相关，不相关建议不填写
非互联网公司可无需填写
网站名称以http或https开头，且域名需ICP备案
若备案主体与申请主体不一致，请下载网站授权函填加盖公章于本页最下方补充材料处上传

补充材料：请在此上传其他补充申请材料清晰彩色原件扫描件或数码拍的摄照片最多可上传5份文件，单个文件大小不超过2M，文件格式为.bmp、.png、.jpeg、.jpg或.gif
上传文件　持有《事业单位法人证书》的机构请在补充材料处提交；其它资料齐全的此处可无需提交

保存并下一步

填写商户基本资料

五、申请微信小店

只要完成了之前几步准备工作，微信小店的申请就非常简单了。首先进入公众平台"服务中心"模块，在右侧菜单栏中选择"微信小店"，点击"详情"后会出现一段关于微信小店的介绍，看完后点击下方的"申请"按钮。

在弹出的新界面中会要求填写商户号和商户密钥，这在我们开通微信支付后接收到的邮件中能够找到。正确填写商户号和密钥后点击下方的"提交审核"，提交审核成功后在1～3个工作日内即可查看审核结果。

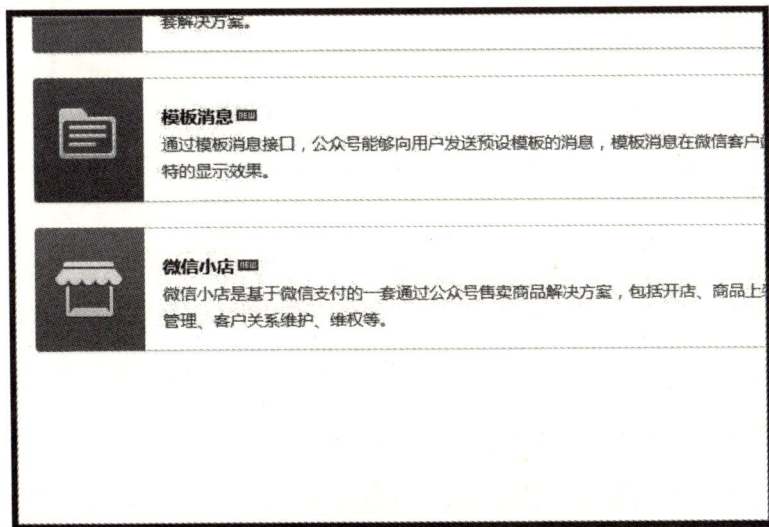

申请微信小店

六、添加商品

成功申请好微信小店后，我们就可以进入店铺发布商品了。发布商品不仅是为了充实店铺，同时也是为展示商品。利用微信小店的商品模板进行商品介绍和推广，要比我们做口头描述更有条理性。

在添加商品时，首先要选择商品类目，这一步至关重要，因为商品类目上架后就无法再次修改，而商品类目又是消费者分类寻找商品的一个主要途径，所以如果商品和类目名不副实，就会给经营带来问题。微信小店中提供了许多商品类目的选择，几乎涵盖了所有行业及商品。

在微信小店中添加商品

选择完商品类目后，就要按要求填写商品属性以及商品的颜色、尺寸等。微信小店中的每种类目都对应着不同的详细商品属性，方便我们根据不同种类的商品来完善具体信息，而不必担心有所遗漏，也使商品的信息描述尽可能详尽。这些商品属性同样是在上架后不可修改的，所以务必要保证信息的正确性，否则就会引起消费者的误解或质疑，为售后带来许多麻烦。

在商品属性下面还能进一步添加商品分组。分组的组别可以是多种多样的，比如我们卖T恤，不仅能分组为男式T恤和女式T恤，也可以进一步选择特惠专区、情侣专区等。点击下方的"新建分组"就可以自己设定、编辑新的组别，从而根据不同的商品特性或优惠活动进行更加精确的分组。

之后，在"商品名称"后的输入栏中填写商品的具体名称。商品名称最多可以输入30个字，所以我们还可以在此对商品进行简要介绍，例如用简洁的词语说明商品的材质、颜色、型号、运费、优惠信息等。这样，消费者在点击查看商品详情之前就可以对商品有一个大致的了解，从而更方便地进行选择。

接下来要设定商品规格，主要是商品的颜色和尺码，我们也可以点击下方的"添加规格"自行设定具体规格。颜色的选项有很多，如果现有的选项都无法准确表现商品的颜色，还可以点击颜色旁边的"编辑"按钮设定自定义颜色。

然后，我们要根据不同商品以及同类商品的不同颜色来进一步完善商品信息。第一个信息是商品介绍图，该图片是在进入微信小店后就能够看到的图片，所以相对较小，微信小店中将该图片的大小限定在30KB，所以经营者在准备图片时要注意通过图片编辑软件来调整图片大小，使之符合要求。由于该图片是消费者最初就能看到的商品图片，所以一般而言我们要选择商品的正面图，尽可能展示商品整体形象，而不是去突出细节。

第二个信息是商品价格，商品价格分为两种，一个是微信价，另一个是原价。其实，许多同时经营实体店和网店的商家都会为商品设置不同的价格，只不过有些商家没有说明而已，而微信小店中则支持商家把两种价格都标出来，让消费者有个参考对比。当然，商品原价是选填项目，你也可以只填写一个微信价，也就是我们在微信小店中销售的价格。如果同时填写原价和微信价，微信价一定要比原价低，这也符合实际的经营状况——网店成本较低，价格自然也要低一些。

第三个信息是商品库存，商品库存一般来说是要实事求是地根据现存商品的实际数量进行填写的。但在实际经营中，除了一些不易准备的商品外，我们通常应该将库存量设置得稍高一点。

之所以设置较高的库存，是为了避免某些潜在客户因库存不足而错过该商品，尤其是某些销售较频繁或销量较大的商品。假如一个客户下了订单，但由于各种原因没能及时付款，而此时库存已经相应地减少了，当库存变为零而经营者却没能及时发现并加以调整时，其他有意向的消费者就会看到已经没有库存而放弃，这就白白损失了一些客户。

所以，当我们拥有某种商品的10件现货时，在库存中就可以填写11或12件。而对于一些销量较大的商品，可以根据客户通常的一次性购入量来调整库存，假如某商品客户通常会一次性购入10件，那么当我们有100件该商品时，就可以在库存中填写110或120件。当然，必须保证的前提是这种商品货源始终稳定且能很快到货，否则客户下单后无法及时发货，经营者可能就会背上"欺骗消费者"的恶名。

填写完以上信息后，就要开始设计商品详情页，这是至关重要的一个环节。对于网店来说，消费者对商品的了解，很大程度要依靠商品详情页，所以，商品详情页看起来是否吸引人，是成功销售的关键。不同商家销售同样的商品，有的销售业绩蒸蒸日上，有的却销量惨淡，可能不是商品质量有差别，而是商品详情页设计有差距。

商品详情页主要分为商品图片和详情描述两个部分。其中商品图片是我们展示的重点，也是消费者关注的中心。第一张图片被称为商品主图，是位于首页最显眼位置的图片，所以该图片一定要能够夺人眼球，这样才容易吸引消费者进一步关注。其他图片就是对商品更为详细的展示，可以从不同的角度，或是从某些细节部位拍摄商品图片，对商品进行全方位的展示。图片最多可以上传10张，经营者要做好图片的规划选择。

在设置商品图片时，最常见的一种错误就是图片过大。现在的相机、手机等拍摄功能越来越强大，照片的像素很高，由于我们是在电脑端操作，可能不会太过在意，但是对于绝大多数通过手机端来浏览、购物的消费者来说，过大的图片对他们来说是一种流量负担，而且也没有太大意义。对此，微信小店中有温馨提示，推荐使用640×640像素、大小不超过500KB的图片，我们可以按照这个标准来对图片进行调整。

设置微信小店中的商品图片

另一个常见的错误是在图片中夹杂文字，但是文字过小，在手机端很难看清，十分影响观看效果。还有一些经营者喜欢使用拼图，就是将几张小图片拼接成一整张图，这种图片在手机端也很难看清。所以，这两种图片一定要慎用或少用。图片上文字的字号应控制在22～24磅左右，而且不要嵌入过多的文字，用一些简洁的词语表达即可。拼接类图片最多选择4张进行拼接，而且要保证该商品是不需要过多展示细节的。

有些经营者为图方便，或是感觉自己的拍摄效果不好，就直接使用其他商家图片，这种做法也不推荐。现在许多网店商家都会给自己的商品图片添加水印，直接用这种图片会让消费者明显地看出经营者在盗用他人的图片，影响小店的形象和声誉。

还有些经营者喜欢过度修饰图片，商品图片的真实性始终是最重要的。有时由于拍摄条件和拍摄环境的限制，图片看起来不是那么美观、清晰，这时可以适当处理一下，但要注意不能影响图片的真实性。如果商品图片和实物差距过大，即便卖出去了也只能换来买家的差评。对于某些商品，我们也可以采用自拍、街拍的方式，例如服装图片可以找模特，生活用品可以连同房间的布置一起拍摄出来，这种图片是比较能得到买家认可的。

设置完商品图片后，我们还可以选择进一步进行详情描述。微信小店中的详情描述可以使用图片结合文字的方式，图片大小不能超过300KB，文字最多可以输入5000字。详情描述也是可选项目，经营者可以选择设置或不设置，但是，为了让消费者更全面、更准确地了解商品，更好地吸引消费者，这里还是推荐设置详情描述。当然，我们也不需要输入5000字那么多，消费者在购物时对阅读的耐心是有限的。详情描述应当要点清晰，针对商品的每一项特点，用最精准、最简短的语言描述出来，而不是长篇大论，试图去改变消费者的认识和想法。商品详情页只是在为消费者提供商品信息，而不是露骨地为商品做广告。

有的经营者在进行商品描述时太过公式化，缺乏想象力和创造力，这样的商品描述看起来非常乏味，反而会降低消费者的购买欲。比如，有位经营者在描述一款新皮包时是这样说的："最新款包包，完全真皮保证，红蓝黑三色任选，欲购从速！"这样的商品描述完全只是叫卖，消费者完全无法从该详情描述中了解更为细致的信息，而且语言风格读起来也让人感觉像是应付了事，毫无个性。

微信小店是一个电商平台，而且主要是基于微信这个社交媒体的电商平台。所以，商品详情描述的语言风格最好能符合网络用语习惯，轻松俏皮一些，充分发挥创意，张扬个性，吸引消费者。

详情描述应当面面俱到，消费者无法通过图片了解到的信息，通常是消费者最为关心的内容，应作为描述的重点。比如在销售食品原料或熟食时，名称、规格、保质期等内容简要提及即可，而食物的口感、原料、食用方法等才是我们介绍的重点。

那么，商品详情究竟要怎样描述才能看起来充满吸引力，从而让消费者看到后就能产生强烈的购买欲呢？我们可以从以下4个方向着手设计。

1. 明确需求点

需求定位是个老生常谈的问题，无论是选择类别，还是在类别中选择更为具体的商品，都免不了要去思考和分析商品的目标受众群体是哪些，从而顺利地找到客户。但是，当需求定位成了一道不可避免的程序时，越来越多的商家开始为了定位而定位，凭借着数据分析，凭借着自己的经验和想象来进行定位。利用这种定位方式，即便准确找到了目标客户群，也难以发掘客户的真正需求点。

客户购买一件商品，一定是因为能够满足客户当下某种生理或心理上的需求，这种需求才是我们真正需要发掘的点，而不是对该商品的设计或功能的描述。

比如，一家销售日韩流行服饰的商家这样定位自己商品的目标客户群："18～30岁的年轻女性，有稳定的收入，喜欢追求时尚与潮流。"根据定位，他设计出来的详情描述是这样的："最新款韩版连衣裙，采用上等面料制作，为你提供最舒适的穿着感觉。兼具时尚与青春特点，适合追求潮流的你。"这种商品描述虽说没有问题，但是显然吸引还不够，最主要的原因，就在于并没有找准客户真正的需求点。

购买日韩流行服饰的年轻女性，表面上是因为这些服装设计时尚且材料优质、制作精良，但她们潜藏的心态却是希望自己穿上这种服饰后能像那些日韩明星一样"有范"，甚至是希望能在不经意间邂逅一位心目中的"男神"。这种心理通常并不会表现出来，但确实存在。所以，根据这种心理需求，我们就可以这样描述商品详情："最新韩版连衣裙，××电视剧女主角同款，穿上后立刻展现你的青春魅力，邂逅对你心动的他。"这样的商品描述看起来就生动多了，能够更深入地抓住客户的内心。

2. 运用情景引导

虽然实体店和网店的购物方式截然不同，但消费者的购物习惯是差不多的，所以，参考消费者在实体店购物时对商品的选择标准对商品详情进行有序的描述，要比想到一点说一点的描述方式有效得多。

以买手机为例，回想一下我们在实体店选购手机一般是怎样的一个流程？首先，我们会整体观察一下手机的外观、颜色等，先对手机有一个整体印象，然后再仔细观察手机各部位的材质以及设计细节。观察完外形后，我们会拿在手里掂量一下，感受一下手机的重量和手感。之后，我们才会进一步了解手机的基本性能及附加功能，来判断该手机是否配得上它的价格。

所以，我们在进行商品描述时，就可以按照以上的顺序来列举信息。先是展示手机的外形、颜色、材质等，然后介绍手机的大小、重量等，最后列举手机的各项功能。这种详情描述方式的优点在于次序分明，可以引导消费者由表及里地了解商品，不会感到混乱。另外，消费者在看到这种商品描述时，会有身临其境的购物体验，从而对微信小店更有亲近感。

除了购物体验的情景引导，还有许多其他情景引导方式。举个最简单的例子：为什么情人节时玫瑰和电影票等商品卖得格外好？这种需求量的激增，是因为人们受到节日氛围的影响。在这种状况下，许多商家打出节日牌、情感牌，强化了人们对节日气氛的感受与参与，这也是一种情景引导方式。

3. 用消费者关心、理解的表述方式

有些商家在做商品描述时，总是试图用"高科技"的语言包装商品，让商品看起来物超所值，但是实际的宣传效果却往往不如他们想象中那样好。原因在于，一来消费者未必真正理解这些艰涩高深的专业术语，二来这些并不是消费者真正关心的内容。

这种现象在一些高科技产品中尤为突出。以移动充电宝为例，这算是比较低端的科技产品了，功能也很单一，就是为各种移动设备充电。但有些商家为了表现自家销售的充电宝更加高级，就扯出转化率高低、内置芯片多少等一大堆专业数据，或是对该产品获得了哪项专利、赢得了哪个奖项大书特书。这些不是普通消费者能理解的信息，而且对他们来说意义也不大。他们只关心两点，就是这个充电宝质量是否可靠，能够一次性充多少电。

在描述同一个意思时，也会有许多不同的表述方式，我们应当考虑消费者心理，选择能够吸引消费者的表述方式。比如，为了表现充电宝的充电容量，我们可以说"能为您的手机充电30次"或者"能使您的手机一个月不断电"。那么，哪种表述方式更有吸引力呢？显然是第二种。因为"充电30次"这种表述太过直白，缺乏遐想空间。相反，"一个月不断电"则能简单地激发出消费者再也不用担心手机电量不足的美好想象，而且"一个月"也能让消费者感觉时间足够长。

虽然两者都是对同一性能的描述，但带给消费者的感受却截然不同。所以，根据消费者心理设计我们的商品描述语言是十分重要且有效的。

4. 同类对比法

俗话说："不怕不识货，就怕货比货。"对比法永远是展示商品特点的最佳方式，尤其对于一些对商品了解不深的消费者，选择他们较为熟悉的同类商品作为参照物，可以比较直观地让他们了解该商品的具体功效。

如今的一些商品，在同一系列中会推出各种不同的型号，以满足不同消费人群的需求。但是对该系列产品不甚了解的消费者，很难真切地感受到不同型号之间的区别。比如，对于一些非"果粉"的普通用户来说，iPhone 4和iPhone 4S究竟有哪些区别，他们第一眼是很难看出来的，仅靠一般的介绍是难以让这些普通消费者清晰地了解这些不同的，但是通过与iPhone 4的对比就能让他们看到iPhone 4S的升级之处，这比苍白无力的语言有效得多。

除了相似型号的商品对比，对于一些难以用语言描述的商品特点，我们也可以通过对比让消费者直观地看到。比如，某件衣服上的纽扣造型很有特色，但是这种特别的感觉难以通过语言传递给消费者，单独拿出来说也会让人感觉意义不明。这时，我们就可以找一件设计相似的服装，通过纽扣的局部特写对比让消费者自己去发现不同。这种做法简单得多，也有效得多。

对比法主要的目的是突出商品的特点而非优点，这一点是经营者必须了解的。选择参照物不是故意选一些低端商品来突出商品的优势，变相地表扬自己的商品，而是选择相近却又不完全相同的商品来彰显特点。很多时候，并不是产品功能越强大就越好，消费者的需求是不同的。比如，同系列的两款笔记本电脑，外形、性能几乎完全一致，其中一个附带摄像头，价格高一些。但是，对于不需要笔记本电脑摄像头的消费者来说，购买这款价格高的型号就没有多大意义。所以，客观地表现商品特点才是我们的最佳选择。

通过上述的一些原则和方法优化商品详情页后，就要进行商品添加信息的最后一项，也就是运费设置。

运费设置是一项重要的工作，是否设置运费、运费怎样设置都需要经营者根据实际经营状况做出适当的选择。一般，在单件商品利润有保证的情况下，建议微信小店的经营者尽量提供包邮服务。因为现在提供包邮服务的网店越来越多，买家已经习惯购物时包邮了，如果不包邮买家会感觉不划算。其实，许多买家也许并不在乎那10元、20元的邮费，更多的是一种心理。

当然，对于一些利润微薄的商品，盲目提供包邮服务就会给经营者造成直接损失。比如一些散装的零食、冲饮品等，如果没有一次性销售足够的数量，赚取的利润甚至还不够运费。这时，我们可以提前计算好利润，设置一定件数以上包邮，保证有钱可赚。

对于一些单价较高、利润也较高的商品，我们甚至可以将价格上调5元、10元，为包邮提供利润空间。通常300元以上的商品，价格贵上10元消费者也不会太介意，不会对竞争造成严重的不利影响，可靠的质量和优质的服务足够弥补价格上的少许差异。

如果你所经营的商品确实不适合包邮，那么也不必为了扩大知名度和客流量而硬着头皮包邮。如果一开始提供了包邮服务，而后经营者发现自己无法控制利润而取消了包邮服务，反而会引来客户的不满。包邮毕竟只是一项附加价值服务，它不会成为买家消费的决定性因素，想要获取更多的客流量，关键还是在于商品的定位和性价比。这一点邮费的差距，可以有许多方式进行填补。

那么，如何在微信小店中设置运费？在"物流信息"中，首先选择所在地，也就是我们发货的出发地，点击"编辑"按钮选择我们所在的省、市即可。接下来在运费设置中有两个选项，一个是"卖家承担运费"，也就是包邮；另一个是"买家承担运费"，也就是正常收取运费。选择"买家承担运费"后可以进一步设置，一个是"统一运费"，另一个是"使用运费模板"。

"统一运费"就是全场商品无论寄到哪里，全部收取相同的运费，这种运费设置的优点是简单，只要经营者设置一个数额便可以完成；缺点自然是无法做到精确化，运送距离的远近不同，商品的尺寸、重量不同，运费的差异是很大的。设置统一运费适合经营的商品规格相近的微信小店，或是主要客户集中在相近的省市，抑或是商品有足够的利润保证，不在乎运费差异的。

"使用运费模板"就是根据自己设置的规则来收取运费，点击下方的"新建运费模板"就可以进行添加，并可以同时保存多个运费模板。在运费模板中，我们可以根据地域的不同及商品的不同特性来设置运费，具体的运费数额可以根据合作的快递公司的收费标准来设置。同时，可以设置不同的个性化模板来满足不同的需求。比如，在举办一些优惠促销活动时可能会提供运费减免的服务。可以新建一个运费模板，命名为"活动运费模板"，设置较低的运费，在举办活动时选择该运费模板，就可以灵活地变更运费了。

编写并选择好运费模板后，选择"发布"，消费者在浏览商品时就能直观地看到商品的具体运费了。

七、商品管理

添加完商品信息之后，我们就可以在商品管理模块中对已添加的商品进行集中管理。该模块主要有两大功能，一是商品分组管理，二是商品上下架。

　　商品分组管理是将已添加的商品按照不同的特点、性质分为不同的组别，以方便经营者查询搜索、统一管理，该组别的设定完全是按照经营者的实际需要或习惯来设定组别范围。比如销售鞋子，你可以从大的范围内分为男鞋和女鞋，也可以从小的范围内分为旅游鞋、运动鞋、皮鞋、休闲鞋等，或者是根据颜色、型号、品牌划分……总而言之，经营者觉着哪种分组方式最方便管理，就可以选择哪种分组方式。

　　商品分组管理的另一大作用是可以将分组商品填充到微信小店的货架中，从而使微信小店中的商品看起来更有整体性和层次感。具体的操作将在下一段的货架管理步骤中详细讲解。

　　商品上下架就是将商品放入微信小店或从中拿出来。添加完商品信息后，消费者在微信小店中仍旧是看不到该商品的，需要我们选择上架，消费者才能详细浏览商品。同样，我们也可以选择将已上架的商品从货架中取下。

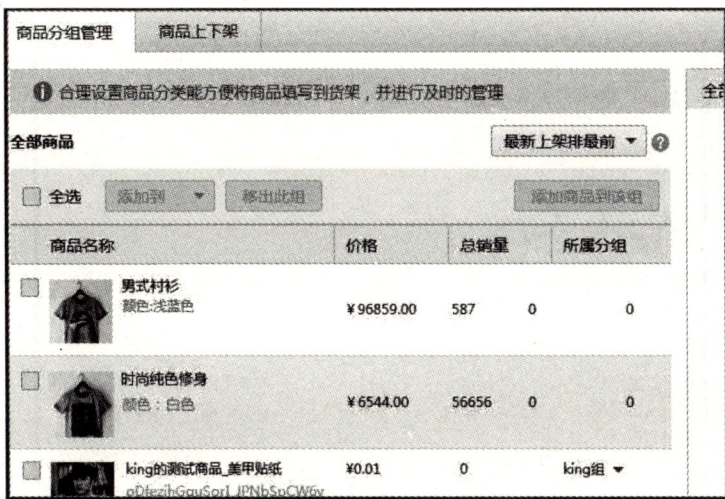

商品分组管理及上下架

商品上下架功能让经营者能灵活管理微信小店的具体销售商品，从而避免一些不必要的麻烦。例如，你的微信小店中有某种商品暂时停售，也不确定以后是否会再次销售、什么时候会再次销售。这时就可以选择将商品下架，以前添加的商品信息不会有丝毫改变，如果以后再次销售该商品，直接选择上架即可，而不必再次输入该商品信息了。

八、货架管理

微信小店中的货架是用于承载商品的模板，每一个货架都是由不同的控件组成的，有着不同的框架，每一个货架也都对应着一个链接，方便我们宣传推广。

货架管理的第一步是选择货架。微信小店中提供了许多样式各不相同的货架，经营者可以根据自己的审美、需求和商品特性选择最合适、最美观的货架。选择好货架之后，经营者就可以将分组管理的商品添加到货架中，在编辑界面中选择商品分组，并根据货架的不同选择展示商品的数量，即可完成整个货架的设置。

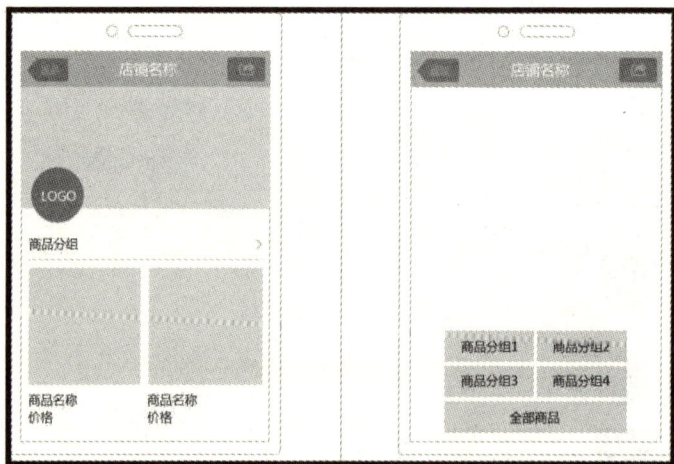

货架管理

编辑好货架内容后点击"发布"，用户在进入你的微信小店后即可看到这些货架中的商品。我们也可以选择复制链接，将该链接通过各类通信工具、社交软件推广出去，消费者通过链接即可直接进入商品货架界面。

九、订单管理

用户在下单并支付成功后，微信小店中就会生成一笔订单，商家可以在订单管理界面中查询订单，并进行发货等操作。

在订单管理界面中有四个分类选项，"全部订单"就是微信小店目前存在的所有订单；"待发货"就是买家付款后需要我们赶紧进行发货处理的订单；"已发货"是我们发出货后交易还未全部完成的订单；"维权中"是买家对商品有异议，提出退换货要求但还没有完全解决的订单。

当有新订单到来时，经营者可以进入"待发货"一栏，查看这些已付款的订单，联系快递公司，根据买家提供的地址填写快递单。接着在订单处理界面中，选择所使用的快递公司名称，并填写相应的快递单号。所有信息填写完毕后，选择"发货"，"待发货"订单就转入了"已发货"一栏中。

"维权中"的订单也是经营者需要快速处理的订单项目。有一些经营者遇到难缠的客户要求退换货，会有情绪，消极应对，拖延应对，这样只会进一步激化客户的不满，无法从根本上解决问题。每一个经营者都不愿意遇到客户要求退换货的事件，但这恰恰又是无法完全避免的。即便你再谨慎，也有许多无法避免的问题，比如物流过程中出现损伤等，是无法控制的，而客户也只能找卖家来解决。

所以，遇到客户不满意时，首先要查明原因，明确责任，如果是物流公司或厂家的问题，先满足客户的要求，然后经营者再去和相应的责任方协商处理，并主动向客户说明原因，表示歉意。应尽量做到积极应对、快速处理，即便这单生意没有做成，也能给客户留下一个不错的印象，以后可能还有很多交易机会。

微信小店提供了多种订单查询方式，我们可以输入订单编号、买家昵称、商品名称或编号快速查询相应订单，也可以根据下单时间查看最近7日、15日或30日内的所有订单。当我们应对的订单数量很多时，尤其当需要准确把握相应订单的物流信息时，根据这些订单搜索功能进行快速查找会比较高效。

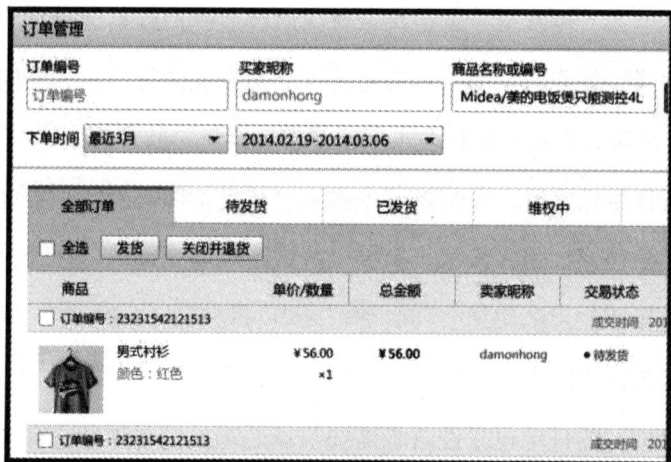

订单管理

十、店铺概览

在微信小店的后台中，系统会自动统计经营中的各项关键指标，这为经营者对微信小店经营现状的把握和管理提供了重要的数据支持。

在微信小店后台的最上方，我们看到的两个数据是"待发货订单"和"待处理维权/仲裁单数"的数量，这也是上文我们提到的经营者需要最优先处理的订单事项。

在下方还有6项关键指标，分别是"订单数""成交商品数/总商品数""成交额""商品浏览量""货架浏览量""商铺访问人数"。前三项主要显示了微信小店的整体经营情况，统计了微信小店总共卖出了多少件商品，共卖出了多少钱。后三项则显示出微信小店的人气情况，即有多少人关注。这些关注度虽然没有直接转化为利润，但也是很关键的，因为人流量是客流量的基础。尤其当我们展开特别的宣传活动或营销活动后，通过记录活动前后关注度的变化，可以准确、直观地评估出此次活动所取得的效果。这要比开设实体店进行人工统计方便、准确得多，对于经营者来说是个难得的好助手。

以上十步即为开通和管理微信小店需要进行的具体步骤。从上面的步骤中，我们会发现，微信小店的开店方式同开淘宝店差不多。只不过，开通淘宝店所需押金少，门槛较低。而腾讯打造的微信小

店铺概览

店目前只向有实力的商家开放，企业认证方面需要提交的资料也比较多。但是，微信小店在移动平台的功能和表现要强于淘宝，而且，微信小店才刚刚起步，腾讯官方也十分重视，日后进行更大力度的扶持是可以预见的。因此，微信小店有着巨大的潜力，值得经营者参与其中。

"零成本"开店，资本不再是创业门槛

科技的进步改变的不仅仅是人们的生产、生活方式，人们的思想也随着信息的丰富而变得更加开放。10年前，上进的年轻人满脑子想的都是好好学习，毕业后找一份安稳高薪的工作。而现在，人们学习的方式更多，不再盲目地相信书本中的内容，更愿意在自己感兴趣或有天赋的领域中摸索，自己开创一份事业。

但是创业之路并不像许多人想象中那么美好，没有技术、经验、门路、资金……对于许多年轻人来说，总有数不清的主观及客观因素成为创业的"绊脚石"。而这其中，资金因素又是最普遍存在，同时也是最让人感到无奈的。

再小的买卖也需要投入一定资金，如今的企业经营成本越来越高，这就意味着创业者面临的压力和风险也越来越大。仅仅是黄金地段的门面租金就足以使许多创业者望而却步了，更不用提人员工资、设备费用、各类税收了。

以开一间奶茶店为例，算一笔简单的账。首先，我们需要在一个不算太差的地段找一间门面，比如学校旁、商业中心周边或大型商场内部，一个月的租金大概要5000～10000元不等，按最低的5000元计算，一般需要预缴一年的租金，这样单是店面租金就需要6万元。然后要对店面进行装修，虽然奶茶店不需要多么豪华的装修，但是也必须装饰出自己的特色和格调，这至少又要准备2万元。然后是购置各种设备，比如柜台、空调、冰箱、制作奶茶的各种器具，还要购置一定的原料等，这些加在一起，又至少需要2万元。保守估计，开一家不大的奶茶店就需要至少10万元启动资金，这对于年轻的创业者来说不是一笔小数目。

而且，资金的需求不仅仅体现在创业的初始阶段，而是贯彻商业运营始终。想要盘活采购与销售环节，需要资金支持；想要扩大经营规模，壮大自身实力，也需要资金支持。在这个竞争激烈的时代，想要始终保持小本经营并取得不错的利润，几乎是不可能的。没有一定的规模，就拿不到低价的货源；没有低价的货源，要么采用比竞争对手更高额的售价，从而丧失一部分竞争力，要么就只能压缩自身的利润空间，进一步加剧资金紧张状况。

开设实体店，我们会时刻面临着资金压力。这其中最主要的就是店面租金和人员工资，这是每个月的固定成本，不管经营状况是好是坏。所以，为了能顺利支付这些费用，经营者会想尽一切方法来达到业绩的"及格线"，这往往会打乱原先的经营部署，给后续的经营带来更大的困难，陷入恶性循环。

电子商务的兴起大大降低了创业成本，让更多有梦想、有勇气的人都能一试身手，在创业之路上捞一桶金。

说起"零成本"开店，许多人第一个想到的就是淘宝。作为一个面向个体、面向大众的低门槛创业平台，淘宝网可谓是"平民的舞台"。

表面上看，如今在淘宝开店仍然不需要太大的资金投入，但是隐性的成本却多了许多。淘宝已经全面迈入了成熟阶段，商家总数也已达到了历史新高，无论你想买什么，商品，在淘宝上都有一家甚至数家店铺在售，竞争激烈，利润有限。如今在淘宝上开设一家新店所面临的压力和竞争是远远超乎想象的。不是你的商品比别人的差，而是消费者压根注意不到你的店铺。于是，许多经营者选择对商品和店铺进行包装和美化，通过各种渠道加大宣传力度，而每一种装修模块、每一个宣传渠道，都需要不同程度的资金投入，要想取得好的效果，就需要花很多的钱。

淘宝商家的信誉就是竞争力，对于消费者来说，如果两家店的商品各方面都差不多，他们自然会选择信誉较高的店铺。而一些初入淘宝平台又不愿意去"刷"信誉的商家，会选择开设天猫店，因为天猫本身就具备一定的信誉保证。

但是相比淘宝，天猫的开店成本更高。除了要缴纳保证金之外，视经营类目不同，还需要缴纳3万元或6万元的技术服务年费。同时，在开设天猫店后，平台运营商还会给商家下达年度销售任务，没有达到规定销售额的商家则会被扣除一部分保证金，这更增加了商家的经营压力。

所以，如今想要经营好一家淘宝店越来越难，强烈的竞争压力逼迫你不得不投入更多的资金、时间和精力。如果不需要太大投入，创业者还能够放开手脚拼搏一番，但如今，就会思前想后、再三考量了。对于一些开设了实体店，想要实现线上线下同时经营的商家来说，传统的电商平台也变得不再适合他们。第一是成本的增加给他们带来了经营的压力；第二是平台的复杂性增加给他们的操作带来了难度。如今的淘宝，吸收率、转换率，还有各种数据分析，对于普通的经营者来说已经过于复杂。于是，人们迫切地希望能出现一个全新的、更简单、高效的电子商务平台。

随着智能手机和无线网络的普及，网络出现了移动化的新特征。微信、微博等社交软件的出现和普及，更是预示着网络时代出现了新的篇章。在微信诞生之初，就有许多人注意到了微信的商业价值，因为现代商业最重要的就是与消费者建立密切的联系，而这恰恰就是微信的最大优势和功用。

最初，许多人将一些商品图片发至朋友圈中，配上简要的文字说明，这就是微信小店雏形。这种商业模式刚出现时，受到了一定程度的追捧，一些玩微信的朋友感觉很有意思，咨询和购买也很方便。尽管功能并不完整，但是由于在微信上卖东西没有成本、没有风险，还是引来了许多创业者尝试。于是，问题也随之增多了。在微信上卖货的商家越来越多，频繁地刷商品广告，朋友圈中充斥着各类商品信息，导致用户体验十分糟糕。于是，不少微信用户果断地屏蔽掉了各种刷屏广告，这让朋友圈中的商家万分苦恼，可这也是情有可原的。

就在微信开店遭遇困境之时，微信团队推出了微信小店，给微信上的众多卖家开辟了一条全新的、正规的赚钱道路，也让众多的微信用户的朋友圈清静不少。不得不说，微信小店是微信中众多买家和卖家的福音。

微信小店的开通门槛不低，需要申请者具备正规的商家身份，但好消息是，微信小店和之前在微信上直接销售商品的模式一样，不需要平台使用费、技术服务费等投入，宣传和推广以微信公众号作为主要手段，也是一个免费的推广平台，而且还有着相当高的关注度和普及度。

微信小店也没有隐性收费。对于每一个开通微信小店的商家来说，他们享受到的都是微信小店的全部功能和服务，而不必花钱购买更多更高级的功能。

同时，微信小店的技术门槛很低，商家即便没有任何技术开发能力，也能轻松开启电商模式。对于部分有开发能力的商家，还可以通过API接口的方式，自行开发商铺系统，通过相关的接口权限更方便地进行商品数据管理，免费实现更多功能。

可以说，微信小店是近乎"零成本"的电商平台，有着巨大的发展潜力。没有了资金压力的创业者们，你们还在等什么？

小个体如何成为大品牌？

"再小的个体，也有自己的品牌。"这是微信公众平台的宣传文案。而在公众平台开放微信小店后，许多经营者也将这句话作为自己奋斗的方向。

品牌在商业中有着十分重要的作用，被许多人视为企业最重要的无形资产。品牌代表着消费者的信任和口碑，代表着企业和产品的知名度，小则能转化为产品的销量，大则能转化为企业前进的动力。

物流的便利、媒体的普及，进一步强化了品牌的传播和影响力。在十年、二十年前，每一类商品我们可能仅能记住一两个知名品牌，而现在就完全不同了。就拿我们每天都用的牙膏来说，佳洁士、高露洁、黑人、中华、舒适达、冷酸灵……我们可以列出一串长长的品牌名单。经济全球化的发展，连锁行业的成熟，使得许多国内乃至国际的大品牌的"触角"深入到了每一个城市和地区。以前进入一个行业，需要挑战的仅仅是一两个行业大鳄，而现在进入一个行业，面临的却是众多业界巨头和细分市场高手的压力。

在这个品牌饱和的市场中，创业的难度可想而知。消费者面对应接不暇的诸多知名品牌，在选择时都会纠结万分，刚迈入市场的"小不点"很难被注意到，更谈不上信任。为何许多新的淘宝卖家在开业初期总是不惜一切代价，甚至亏本经营来吸引消费者、累积流量呢？因为以最快速度得到尽可能多的消费者的认同，品牌才能树立，之后的经营才会顺畅。如果一开始就陷入不温不火的境地，以后的发展就更加困难了。所以，如何将"小个体"迅速经营为"大品牌"，就成了创业成功的关键。

在众多开设微信小店的"小个体"中，"小西家作"可谓是其中的成功典范，甚至被微信官方团队作为微信公开课中的案例。

"小西家作"是广州的一家蛋糕店，尽管在当地有着不错的口碑，但是它只拥有两家线下实体店，绝对算不上什么"大腕"商铺。

小西家作有着不错的口碑和人气基础，但是让创始人吴旭军苦恼的是店面太小而客人太多。小西家作的蛋糕必须提前预订，去实体店现场预订很容易出现记录错误和支付错误的问题。而如果开设更多的分店，不仅成本高昂，也会为管理带来更大的挑战，更糟糕的是，还可能会使蛋糕品质下降，这是商家最不愿意看到的情况。

但微信小店的出现，帮助小西家作解决了这些难题。小西家作开通微信小店后，客户足不出户，在家中用手机即可轻松下订单，等蛋糕做好后再去取货，免去了路途奔波。而对于小西家作来说，此举不仅避免了店内的拥堵和混乱，通过手机记录查询订单也降低了出错率，全面提高了服务质量。同时，线上线下的同时经营提高了小西家作的接纳能力，微信支付提高了经营效率，为它带来了越来越多的新客户。

小西家作的创办人吴旭军表示："微信小店给传统蛋糕店与网络电商的融合带来了机会，有效拉近了顾客与商家之间的距离。"

那么，微信小店究竟为小西家作创造了哪些经营优势？

第一点在于微信小店优化了小西家作的管理流程。吴旭军表示，小西家作多年来也经历了一系列管理方式的变迁。最初的人工统计方式，存在错单率、漏单率高的困扰。随后建设了官方网页进行精准化管理，但客户的使用门槛较高，必须通过电脑进行操作，商家管理起来也不方便。再后来，随着移动互联网的普及，让用户可以通过手机随时随地下单，商家管理的灵活性与便捷性提高了。

小西家作的微信小店运作模式，从加关注到选商品，再到付款，以及最后到店提货，实现了微信内下单的O2O（线上到线下）闭环。据小西家作透露，在微信小店上线后，手机端与PC端的下单比例为6∶4，客户的随性订单明显增加。

第二点则在于微信为小西家作提供了一个可以和客户随时交流的平台。小西家作创始人吴旭军平时会将自己选取原料的过程写出来并通过微信发送给用户，这一举措增加了老客户的黏性和忠诚度，也吸引了众多新客户的关注。而通过微信公众号的群发功能，小西家作向每一位用户讲述每一款蛋糕背后形形色色的故事，这自然比单纯的推销信息更加吸引人。

此外，小西家作还积极调动用户发言，通过朋友圈用户自发地讲故事，小西家作让蛋糕成了生日庆典中的主角，也更容易被口口相传。正是通过这一个个温馨动人的故事营销，为小西家作带来了强大的口碑效应，使其成了一家"大品牌"的店铺。

不仅小企业、小店铺能够树立起强大的品牌，连个人也能够成为一种品牌。在著名杂志《快公司》的封面故事中，管理大师Tom Peters首次提出了"个人品牌"的概念：大公司知道品牌的重要性，在今天这个个性化的时代，你必须成为自己的品牌。

"个人品牌"，这在过去是无法想象的概念，品牌象征着大企业、大公司或是高知名度的创意产品等等，因为只有这些才有足够的传播能量。可现在是自媒体时代，每一个人都可以即时、大范围地发送及接收各类信息，每个人都可以为自己代言，这就为个人品牌的建立奠定了坚实的基础。

在微博上，一些网络大V的号召力不可小觑。他们不只是一个个网络虚构形象，而是对现实生活有着切切实实的影响。网络大V们发送或转发的热点新闻、热心求助、募捐信息等，总是能迅速且广泛地引起网友乃至整个社会的关注。很重要的一个原因就是他们已经建立了强大的信誉度和知名度，有了自己的个人标签，这就是个人品牌的力量。

同样的，个人品牌在商业领域中也能发挥出巨大的功用。在自媒体时代，你的文章可以转化为流量，厨艺可以转化为私人厨房，知识和技能可以转化为各类线上或线下培训……每一个人都能够成为一个全新的品牌，成为大品牌矩阵之下的一个支点。

不过，要成就网络时代的个人品牌，也绝非一件简单的事。不要指望新注册一个微博、微信或是公众号，发布几篇自认为不错的内容，就能迅速成为人们关注的焦点。从某种程度上说，经营公众号和经营店铺一样，不仅要有好的商品——内容，也要找到目标客户群——粉丝，只有坚持不懈、稳扎稳打，才能聚集越来越多的关注用户。

如果你是一个对孩子的营养问题有见地的妈妈，就可以用公众号告诉大家每一个年龄阶段的孩子应该吃什么，不应该吃什么；如果你是一个烘焙高手，就可以和众多甜点爱好者讨论各类饼干、糕点的制作方法；如果你能分辨出一些高档产品是正品还是山寨货，可以将识别方法发到公众号里，那些担心买到假货的消费者，会十分乐意成为你的忠实粉丝。

当然，你不必费心去讨好所有的人，每个人的兴趣和关注点都是不同的，你只需要关注和吸引对你的内容有浓厚兴趣的人。比如，那些喜欢去高档餐厅就餐的"高富帅"就不太会理会关于街头小吃的公众号，但是对于一些提供私人厨房服务的公众号就可能会感兴趣。没有必要强拉一些豪车车主讨论你最新设计的超个性的服装，但是可以和他们一起讨论即将在城市里开展的小型交响音乐会。

由于移动互联网的普及，一个微信、一个微博就能把你和你的客户紧紧地联系在一起，一个公众号就能使你迅速成为一个权威的发言人和用户关注的焦点。这个时代为我们创建个人品牌提供了前所未有的机遇。以前传统的品牌建立方式——研制新产品、大力营销、扩大规模、提高知名度等，已经不再高效，被移动互联网远远地抛在身后。现在，我们见到更多的是像小米这样借助网络口碑一夜蹿红的品牌。

即便你只是一个人，没有强大的资金和资源力量，也可以借助一台电脑、一部手机，在你的房间内，在你的办公桌前，或是在餐厅、在理发店，开始你的个人品牌创建之路。只需要通过微信或公众号的内容吸引用户关注，和用户间产生良性互动，你就能壮大自己的品牌影响力，建立属于自己的网络社群，为自己的创业之路带来最宝贵的客户资源。

在微信小店卖什么？

在微信小店卖什么？这个看似简单的问题，却不能等闲视之。决定了一个经营方向后就要投入大量的时间和精力，一旦确定，很难说变就变。其实各行各业都能够作为经营方向，而且在微信小店中，成功的范例也已经涵盖了许多行业。对行业的选择，就是对经营大方向的选择。

微信上可以选择的商业方向很多，借助公众平台强大的交流互动能力，微信小店甚至拥有比传统电商更广的经营范围和更强的经营潜力。在选择经营方向前，我们先要了解各个行业的特性及其商机所在。

一、饮食类

"民以食为天"，餐饮行业可谓是自古以来久盛不衰的行业。即便是到了如今这个完全不愁吃的时代，餐饮行业仍旧是从业商家最多、跨度最广、规模最大的一个行业。这也是一个竞争极度激烈的行业，创业门槛低、客户群广泛，各个城市、地区，乃至更小的社区内部，都有许多大大小小的餐厅。而一些知名连锁餐饮企业的不断扩张，更是让餐饮行业的竞争越来越激烈。

但是，这不代表做餐饮行业就一定要和竞争对手争个头破血流。因为餐饮行业包含的范围实在是太广了，你可以卖快餐、零食、水果、饮料……每个地区都有其特色美食，所以，只要找到市场空缺，就能取得成功。

华中科技大学大三学生张同学和几个好友一起创立了"we信水果帮"，一时间成了校园红人。经过苦心经营，如今他们在网络上也已经小有名气。在谈到自己的创业灵感时，张同学说，身边很多同学平时都喜欢"宅"在寝室，在武汉夏季将近40摄氏度的高温天气下，想吃水果又不想出门，再加上微信的崛起，自己就产生了在微信上卖水果的想法。

只要买家关注"we信水果帮"，把自己的地址、需要的水果种类和数量等信息发到微信上，就有专人送货上门。就是这样一种新奇又方便的经营方式满足了许多大学生的需求，令张同学等人实现了创业梦想。

卖水果算不上什么新鲜的创意，学校内的超市、校园外的市场都不乏各种水果商店，但"we信水果帮"还是成功了。就是从宿舍到超市、从宿舍到校外市场这段不起眼的路程，成了"we信水果帮"创办人眼中的市场空缺，从而占据了整个校园内的水果市场。

除了卖水果、零食这类可以储存的食品，我们也可以在微信小店中经营一些新鲜熟食。熟食类商品一度被认为是最难在电商平台销售的商品，因为它们保持期短，运输麻烦。我们可以从淘宝上买衣服、手机或者是水果、零食，但很难在上面买现做的熟食。熟食类商品终究只能做同城生意，甚至是城市中特定区域的生意。

淘宝是一个开放的平台，它最大的优势是有来自全国各地的商家，能同时接待全国各地的消费者，但是这种优势对于销售熟食是没有什么意义的，因为我们要瞄准的只是近距离的消费者。这时，微信小店的优势就显现出来了，公众号是个相对封闭的平台，一般来说，一个微信或公众号内以同城的好友居多，这样，做起同城生意来就格外方便。

现在，城市的生活节奏越来越快，上班族的压力也越来越大，经过了一天的辛苦工作，许多人回到家只想好好休息一下，而不愿意去做饭或是到饭馆吃饭，因此依赖于外卖食品的消费者越来越多。消费者可以在回家的路上就通过微信小店这个平台订餐，这样在到家后不久，就能享受热腾腾的饭菜。对于许多城市人来说，这是一种很理想的生活方式。

肯德基、必胜客、星巴克等知名连锁品牌早已推出了类似功能的手机APP，使消费者能通过手机一键下单，且都取得了不错的反响。但是，这类"洋快餐"毕竟还是不太符合许多国人的口味，因此，若是能通过微信小店这个平台提供一些可口的家常饭菜，一定能够取得更多的客户支持。

二、服装类

服装行业可能是仅次于餐饮行业的第二大行业，而且门槛更低。销售服装不需要经营者有过人的技艺和才能，只要你有着独特的审美眼光和敏锐的商业嗅觉，找准经营方向，找到好的货源，就不必再操心其他事情。所以，无论是当初的淘宝还是后来的微信，衣服、鞋帽等都是最早做起来的商品。

在微信小店上做服装生意，最好能够做到专精，瞄准一个方向或品牌，而不是感觉什么衣服不错就卖什么。如果你的微信小店中混杂着各类不同的品牌，或者是从流行服饰到中山装各种风格应有尽有，就会让人感觉杂乱无章、毫无主题，消费者就会怀疑你的专业性。

海吉儿是一家于2012年创办的新兴企业，主要以经营母婴用品、服饰为主，定位于中高端婴幼儿贴身服装市场。

据该品牌的创始人透露，在自己的孩子降生时，发现在国内根本没有多少值得信任的婴幼儿品牌可以选择，对于刚刚出生的新生儿来说，贴身衣物的质量对于他们的身体健康和成长发育有着极其重要的影响。于是，为了让国内的宝宝们用上放心产品，他便想到了创建一家专注于生产婴幼儿服装的企业，希望他们从人生的第一天开始就能得到最贴心的呵护。

经过几年的经营，海吉儿已经成为一家集门店专柜、网络销售平台、批发零售、个性定制等多产品、多服务为一体的多元化生产销售企业。他们也没有错过微信小店这个新兴平台，第一时间在微信小店上开设了自己的品牌专营店，进一步推动了业绩的提升。

唯有专注，才能专业，尤其对于新创企业和新创品牌来说更是如此。在经营初期，很难有足够的资金和能力做到面面俱到，瞄准自己最有把握，最有热情的经营方向，才更容易取得成功。

流行服饰、休闲服饰、品牌服饰是最常见的服装类经营方向，我们在创业时可以考虑避开这些竞争激烈的方向。而童装、怀旧服装、大号服装等，虽然需求的客户群较小，但由于市场上没有绝对的品牌占有者，因此更容易培养出客户的忠诚度。

除此之外，我们还可以进行服饰搭配，开展组合销售。单一的服饰越来越难以令消费者满意，所以通过不同服饰的相互搭配，"设计"出一整套服装，可以给消费者带来更强烈的视觉冲击。我们可以事先根据当前的流行元素制定出主题，然后依照不同的主题内容搭配上衣、裤子、帽子、鞋、装饰品等，成为一套"原创"服装，并且给一整套服装制定比单独购买更优惠的价格，这样不仅能促进销售，也能给消费者带来全新的购物体验。

三、特产、纪念品类

地方特产及稀有纪念品是非常适合微信小店创业的，想要商品能够热卖，关键是要新，要稀有。毕竟现在生活条件好了，交通也便利了，多数商品消费者都能在本地买到，但是对于许多地方性的特产以及一些数量稀少乃至绝版的纪念品，许多消费者可能还是"只闻其名，不见其实"，甚至是连听都没听说过，这些东西就很容易引起消费者的兴趣。

而且，地方特产都有属于自己的"故事"，融合了当地的民俗特色，在工业加工产品泛滥的当今，这类具有人文气息的产品更容易受到消费者的追捧。而纪念品则具备纪念意义和收藏价值，或是具备一定的升值潜力，受到一些收藏家的欢迎。

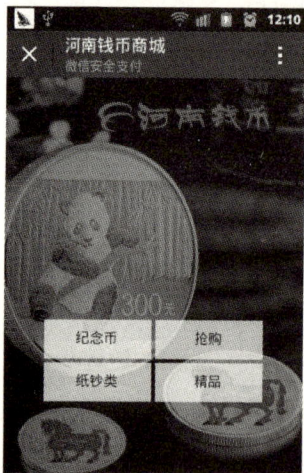

河南钱币商城微信小店首页

例如，河南省钱币有限公司成立于1993年，是河南最早专营金银纪念币和流通纪念币的行业公司，是中国金币总公司首批特许零售商，主要经营各类纪念币、纪念章等商品。该公司在京东上开设了网店之后，也十分看好新兴的移动电子商务平台——微信小店，申请了名为"河南钱币商城"的公众号并正式开始微信平台上的经营。

我们在微信小店上经营地方特产有两种方向可以选择，一是将本地特产推向外地消费者，二是将外地特产带给本地消费者。

经营本地地方特产，在货源的准备上具备着绝对的优势，我们知道去哪里寻找优质货源，产品的质量如何，价格是否足够优惠，都有一个明确的标准。有些特产可能创业者或其家人就能够制作，这不仅能保证质量，还能进一步缩减成本。

而经营外地地方特产在货源的筹备上则相对困难，为了获取优质货源，需要创业者亲自去相应的地区考察，想方设法找到最合适的第一手货源，再和供应商协商合作事宜。即使是第一手货源，运输费用、运输途中的损耗等，也会让成本提高不少。不过，一旦解决了货源问题，后续的销售就会简单很多，因为销售主要是面向本地市场，我们可以同时展开线上和线下销售来扩大销量，提高销售速度。

而经营纪念品对商家的资源和渠道有着更高的要求，尤其是经营一些国家发行的纪念品，比如奥林匹克的相关纪念品，还需要取得相应的特许经营资格。不过，纪念品行业面临的竞争压力是比较小的，而且对纪念品收藏感兴趣的消费者数量也有逐年上涨的趋势，只要你有专业可靠的正品，就很容易成为市场的"领头羊"。

四、服务咨询类

服务咨询行业主要是依靠创业者个人具备的知识或技能，为有相应需求的客户提供帮助，不用去过多地操心货源、成本、利润等问题，因此特别适合有一技之长但缺乏商业经验的创业者。

服务咨询行业的创业门槛最低，几乎不需要任何资金投入，创业者只需要投入自己的时间，提供自己的知识技能。而且服务咨询行业种类繁多，创业者可以根据消费者的特殊需求和自身的能力设计出独特的服务咨询类别组合，提供针对性的服务咨询，避开激烈的竞争。

"微法律"是微信平台上第一个法律类公众账号，自2012年10月开始运营以来，已经拥有超过5万个粉丝。除了每天推送相关的法律文章之外，每天还会有30位专注于不同领域的律师分时段轮流值班，解答用户的咨询。同时，用户也可以从微法律的公众账号直接下载相关的法律文档。而现在，"微法律"也提供了一些VIP服务，并逐渐成为盈利的主要方向。

虽然现在许多法律事务所能为大众提供一些法律服务，但是对于普通人来说有着很大的距离感，而且长时间的等待或是大笔资金的花费也是问题，对于一些想要咨询琐碎问题的人来说，是很不划算的。而"微法律"为人们提供了一个足不出户就能享受到专业法律咨询服务的平台。

微信公众平台上能够提供的服务项目还有许多。如果你开车技术了得，而且对当地的路况很熟悉，就可以提供代驾服务，这在一些大城市或旅游城市中有着相当多的需求。如果你会维修家电或电脑、手机等电子设备，则可以在微信小店上发布维修信息，一些个人化的维修店本身就没有店面，多数是靠各类宣传推广手段来获取业务。如今微信小店的出现使其可以在网络上、在微信朋友圈中进行宣传推广，拓宽了宣传推广渠道。你还可以从事保洁家政服务，在一些生活节奏快的大城市，请专业人员打扫卫生、照顾小孩等已经越来越普遍。

咨询服务行业所需的资金投入最少，但却具备最广大的市场潜力。而且，咨询服务行业有着最多的创业选择，甚至可以根据消费者的实际需求创造出全新的服务项目，有着广阔的发展前景。

五、旅游类

人们生活水平的提高以及长假的增加，让国内的旅游行业迎来了腾飞，与旅游相关的诸多行业，比如旅游服务、住宿、饮食等也随之火了起来。所以，我们在微信小店中可以销售一些知名景点的打折门票，作为创业方向。

　　要销售景点的打折门票，最好能提前搜集公众号粉丝们希望在长假中去旅游的地区和景点，因为旅游景点实在是太多，如果漫无目的地准备景点打折门票，可能会造成产品积压。提前收集到旅游意向地区，就可以在很大程度上避免这个问题，保证商品的销路。

　　此外，我们还可以提供旅行指南，为希望外出旅行的人设计合理的旅行路线。例如某位消费者想去一个地方旅行，不想通过旅行社，但是自己又人生地不熟，不知到哪里去玩，也不知道具体需要多长时间、多少花费。这时，可以根据客户的预算、时间及其他要求，为他设计特别的旅行路线，到哪些景点，怎样去，住在哪家酒店等等，将每一项的花费都罗列清楚，并说明如此设计的理由，附上相应的图片等。客户不需要太多的花费就能让旅行变得更有计划性，更有效率，免去了旅行途中可能会遇到的诸多问题。

　　六、其他

　　除了以上介绍的几类创业方向，微信小店创业还有许多其他选择。比如日常消费品、书籍、珠宝首饰、电子商品等。

　　日常消费品有广阔的市场，每个消费者生活中都需要，而且需要及时补充，但是这也意味着巨大的竞争压力。

　　作为销售能力有限的个人商铺，创业者很难从供应商那里取得比大型商场更加优惠的价格，无法在价格上获取优势，在竞争中自然就处在下风。所以，在微信小店上经营日常消费品尤其要重视商品的品质和服务，只要这两点有所保障，即使是和别的商家同样的价格甚至稍贵一点，也一定能获取客户的支持。

　　在微信小店上销售书籍，最大的优势在于可以对各种书籍进行更形象、更生动的描述，可以和消费者互动，讨论读书心得，从而引起消费者的阅读欲望。书籍的种类选择，要考虑到微信朋友圈或公众平台粉丝的阅读兴趣和习惯，这样才能找准消费市场。可以根据社会热点来选择相应的主题书籍，进行系列推介，将微信公众号打造成一个知识分享平台。

在微信朋友圈中经营书籍的哈爸，他的商品选择就很有创意——只销售儿童绘本。现在，面向儿童的玩具、电子商品越来越多，一些有营养的儿童绘本在市场中却越来越难以见到，于是哈爸凭借自己的知识和关系渠道，分享了许多优秀的经典儿童绘本，受到了许多粉丝的欢迎。

珠宝首饰的经营也有两个方向。一种是高价商品，如真品的玉石、金银首饰等。这类商品在微信小店上销售相对困难，因为价格较高，消费者比较谨慎，而且不通过实地品鉴，消费者很难辨别真假，所以需要长期的经营建立口碑，获取消费者的信任。

另一种是低价的商品，如一些使用玻璃、木材、陶瓷等普通材料制作的工艺品。这类商品主要是通过独特的造型来吸引消费者，不用担心真假问题，而且价格不高，在微信小店的初期销售要更加容易一些。

电子商品也存在客户消费比较谨慎，对商品不易信任的问题，而且手机、电脑等产品投入较大，消费者的复购率较低。所以，我们可以不专注于主流电子商品，而是转为经营电子产品配件，如硬盘、U盘、耳机、手机壳等。这样既容易推广，也能够降低经营的资金投入，避开竞争压力。

微信小店中可以经营的商品，远不止以上介绍的这些，这些只是启发广大创业者，以起到抛砖引玉的作用。其实，任何行业只要操作得当，并根据微店商的特性进行相应的调整和改进，都能够在微信小店上取得成功。关键就在于发掘自身独特的资源优势，以及寻找市场的需求与空缺，做好精准的经营定位。

考虑好经营大方向后，我们还要进一步进行细节定位。无论是哪一个行业，都能够进一步细分为许多小的种类，我们在经营中不可能涵盖一个行业内所有的商品，必须选择几种主要商品作为经营的"头牌"。对于商品分类，最常用、最基本的标准就是商品价格，无论是衣食住行中的哪个行业，是国外商品还是国内商品，总会被分为三六九等。根据行业内主要商品的价格区间，将商品分为低档、中档、高档，这是一个选择商品的好方式。

低档商品走的是"价格亲民"路线，所以保证价格足够低是很重要的，否则这类商品就失去了吸引目标客户群的重要因素。注意，这里说的是价格足够低，而不是越低越好，因为低档商品本身利润空间就很有限，所以定价能保证利润是要死守的标准。

那么，这个"足够低"的定价要如何去确定呢？销售同类商品的网店的定价是一个很好的参考标准。一般情况下，网店的价格都会比实体店要低，所以网店价格自然是我们最好的参照物。我们在定价时，只需比一般网店的价格低一点点或是持平，或者稍高一点也无所谓，只要差距不大便可以。价格不是我们用来竞争的主要筹码，只要不成为竞争劣势即可。想要吸引消费者，关键还是靠我们的服务和商品的品质，大部分消费者是不会只为了那便宜的一角或是一元钱就在你的微信小店里消费的。

中档商品自然是为了填补空缺，满足一些"中庸"消费者的需要。他们需要这种商品，但是并不需要非常昂贵的，但又对低端产品的质量有顾虑。所以，看上去中档商品是有着广阔市场的。可是，实际情况却并非如此，在许多行业中，这种"高不成，低不就"的中档商品恰恰是最难卖的。

在低、中、高档商品价格差异不大时，消费者就会考虑："既然贵不了多少，我不如加些钱买更好的。"而在低、中、高档商品性能差距不大时，消费者又会考虑："反正用起来差不多，买最便宜的就够了。"所以，在这些种类的商品销售中，消费者很容易向两极分化，反而使中档商品大量滞销。

所以，中档商品有自身的特色是最重要的，价格和性能上并不占优势，和低、高档商品比较时很容易吃亏。要给中档商品寻找一个独一无二的卖点，给消费者提供一个购买它的理由。

最后，再来说说高档商品。高档商品针对的客户群是收入较高的、对生活品质有极致要求的人，所以品牌响、质量好、价格高就是这类商品的最显著特点。但是，不要以为只要销售大品牌的高价商品就一定能吸引高端消费者。这种经营思路在20年前大概还行得通，但在如今的互联网时代就OUT了。

如今是品牌的时代。任何一个种类的商品都有众多的品牌可供选择。而且，人们可以随时通过网络查询某个商品的具体性能，查看其他消费者对它的评价。所以，消费者在购买时越来越理性，不会简简单单地被广告、品牌和价格所"迷惑"。

所以，在高档商品内部，也要进行进一步的细分，根据主要客户群的特点、喜好来选择订制化、独特的商品，让消费者能找到与自身需求相匹配的商品。偶尔，也可以做个小优惠、小促销，这样能够吸引一部分中端消费者前来尝试，甚至改变他们的购买习惯和倾向。

综上所述，其实在微信小店中，无论卖哪一类商品，有特色才是最重要的。商品的价格和质量对消费者的消费决策的决定性影响在不断降低，因为人们的生活整体水平在提高，绝大多数需求也都能得到满足，所以新颖、稀罕、有创意的商品对消费者的吸引力越来越大，也越来越容易受到消费者的认同和追捧。

经营微信小店，可以从商品、技术、服务三个方面去挖掘特色，可以三者兼顾，也可以以其中一点作为主打。

商品的特色不是让我们去追求一些冷门的商品类型、不出名的商品品牌，特色是建立在客户认可的基础上的，否则就不可能有销量。寻找特色商品主要是为了规避一些大品牌，因为这些大品牌商品在一些大型超市和商场或是知名网店中，都有很大的销售量，销售这类商品等于自己给自己树立了强大的竞争对手。除非你有独特的优势，比如能低价拿到货源从而实现低价销售。

其实特色商品并没有那么难找。虽说现在商品经济发达，但也不是所有商品都能随处可见的。比如上文提及的地方特产，尤其是一些小地方的特产，可能大多还是仅限于在当地或者周边地区销售。这类商品的市场远远未达到饱和，而且竞争也相对较小，这就是我们要寻找的特色商品。

技术特色是指经营者或者店铺内部有人员具备一些独特的专有技能，从而能提供一些与众不同的产品。比如，经营餐饮行业的，表面上卖的是各类菜品，本质上卖的是厨师的手艺；经营手工工艺品的，表面上卖的是各类工艺品，本质上卖的是制作者的技艺。技术特色，就是所谓的"独家秘方"。

技术特色他人很难学习与模仿，只要得到一部分消费者的认同，我们就应该坚持这种特色并发扬光大。不要因为一时经营不善就抛弃自己的特色而去模仿他人，这样等于自己放弃了自己的优势。出现经营问题时，首先应该分析是不是产品定位和营销环节出了问题，而不是简单地认定自己的产品不受欢迎。

服务特色所包含的范围就更广泛了，与客户交流时的语言、商品销售后提供的后续支持和保障等，这些都是服务。有些服务也是商品本身，比如提供法律咨询、心理咨询等，这些服务就是一种无形的商品，是经营利润的主要来源。

追求服务特色是简单的，同时也是困难的。简单的是，特色服务不需要资源优势或是庞大的成本代价，只要有好的想法，即便花费很小也能提供让消费者十分满意的服务。而困难也就恰恰在这一点上，客户的心态是很难捉摸的，而且每个人的想法和感受都各不相同，如何确定服务方针并不是坐着空想就能想出来的，需要进行大量的调研和尝试。但无论如何，服务的竞争价值正不断攀升，这需要每一位经营者都投入更多的关注和精力。

不交保证金，也能开小店

对于支付行业和电商领域来说，保证金是一个无法避开的话题，许多商家似乎都已经将缴纳保证金视为行业内的潜规则，认为本就该如此。

无论是京东还是阿里巴巴，商家在这类电商平台上做生意，都免不了要缴纳保证金。

比如，京东要收取商家1万元到10万元不等的保证金，入驻商家还要缴纳6000元的平台使用费，总计最低16000元的费用让许多商家苦不堪言。苏宁易购户外运动品类也需要缴纳1万元保证金。就连淘宝的普通卖家也需缴纳少量保证金。无论哪个电商平台，保证金似乎都是无法避免的。

虽然淘宝要缴纳的保证金数额很小，但这只是面向小规模的个体商户，而和淘宝同源的天猫，要收取的保证金数额就大多了。天猫是由淘宝网分离出来的，多为知名品牌的直营旗舰店和授权专卖店，提供正品保证以及7天无理由退货、购物积分返现等服务。所以，对于普通消费者来说，在天猫上购物要更放心一些。而对于想在天猫上开店的商家来说，根据经营类目的不同，则要准备数万元至数十万元不等的保证金。比如，品牌旗舰店、专卖店的保证金有5万元和10万元两档，而专营店的保证金则有10万元和15万元两档。对于一些特殊行业，例如医药类商品，则需要缴纳30万元保证金。

虽然这些保证金只是由相应的平台暂时性冻结，等到双方合作结束后还会退还给商家，但是，数额不小的保证金对于许多资金本来就很紧张的商家来说是一个巨大的压力。尤其是商家在遇到经营的机遇和危机时，有没有这几万元来扭转乾坤，可能会迎来截然不同的结局。

开设微信小店本身虽然不需要缴纳保证金，但是开通微信支付功能却需要缴纳2万元保证金。而微信支付又是开通微信小店的必要条件，所以，本质上来说，微信小店还是需要保证金的。

微信小店之所以至今尚未引发一波开店狂潮，有两个很重要的原因。第一是微信小店的门槛不低，审核程序复杂，基本只有正在经营的企业或商户才能申请成功；而第二就是这2万元保证金，使许多人还持观望态度。

而这种已经逐渐陷入僵持的局面，现在也迎来了转机。微信支付的官方客服宣布，自2014年9月10日起，公众平台（公众号支付）、开放平台（APP支付）申请微信支付功能将暂免收保证金。微信官方的这一决定，可谓一石激起千层浪，立即引发了各界人士的热烈讨论。

其实，微信官方取消微信支付的保证金势在必行，而且也早有征兆。腾讯设计微信支付，其目的就是要打造一个完善的移动电商平台，而微信支付的最大对手，是目前最为普及的第三方支付工具——支付宝。支付宝经过多年的经营，功能不断完善，许多消费者越来越习惯使用支付宝进行网络上的各种支付。而且支付宝不强制向商家收取保证金，一切靠自觉自愿，所以许多商家也更乐于使用支付宝。在买家和卖家的联合推动下，支付宝毫无悬念地成了目前我国最大的第三方支付平台。

所以，在这种情况下，微信支付想要在支付宝的链条中打开一个缺口并非易事。在微信支付刚刚推出之时，就有众多专业人士指明了其所包含的巨大潜力，预测微信支付经过一段时日的发展，能够和支付宝双雄并立甚至是超越支付宝。可是，过了几个月，却让人感觉雷声大雨点小，要收取高额保证金是一个很重要的制约因素。作为一个全新的支付平台，设置保证金的门槛显然是不利于迅速普及的。于是，为了使微信在商业化道路上大跨步地前进，腾讯在与万达、百度合作的关键节点上宣布取消微信支付的保证金，可谓是恰到好处。

电商平台让入驻的商家缴纳保证金，重要目的是控制、约束卖家的行为，在一定程度上避免假冒商品、劣质商品的出现，归根到底是为消费者着想，保证整个平台的健康发展。不过，微信小店在申请过程中已经有着十分严格的审核过程，商家本身的资质、能力等已经有了较强的保障，所以保证金的收取已经不再是必要的了。

微信支付保证金的取消进一步降低了微信小店的开店门槛与成本，势必会吸引更多正在观望的中小型商家入驻该平台。只有获得了更多商家的认可和支持，才能吸引更多的消费者，整个平台才能做大，以微信支付为基础的O2O席卷市场的愿景才能化为现实。

微信支付取消保证金还代表着平台与商家之间信任度的提高。平台与商家之间，从某种意义上说也像是卖家与买家的关系。淘宝在建设之初，属于买方市场，淘宝平台希望有更多的商家入驻，因此提供了大量免费的优质服务。后来，随着平台越来越大，演变为卖方市场，淘宝逐渐占据了主导地位，因此，各种保证金、使用费等有偿服务不断推出。许多商家虽然对不断提高的经营成本心生不满，但是也丝毫没有办法。

取消了保证金，为众多商家提供了巨大的便利，同时也表明了微信官方的态度。微信小店的平台与商家之间，不再是利益出发点不同的敌对阵营，也不再是由金钱捆绑的脆弱的信任关系,而是向着共同利益、共同目标前进的战友。微信小店已经从许多方面打破了常规,在一定程度上改变了传统电商的面貌,这或许意味着电商将迈入一个新的阶段。

第四章
聚生态：微信小店，移动互联时代电商新势力

　　微信小店气势汹汹地"半路杀出"，其高调的表现也让许多人心生疑惑。微信小店这个不起眼的新事物真的能撼动传统电商这棵大树，在电商领域闯出一条新道路吗？现在，就让我们走近微信小店，看一下微信小店的生态环境，了解为何微信小店能够成为移动互联网时代的一股全新力量。

电商之路还是O2O之路？

O2O电子商务是指线上（online）到线下（offline），线下商家通过免费开设网店，将商家信息、商品信息等展现给消费者，消费者在线上筛选商品，在线下体验服务，成交后可以在线上进行支付。

O2O是电商模式的一个分支，是众多电商平台或企业认同并追寻的全新发展模式。但是O2O和传统电商之间还存在着十分严重的壁垒，线上与线下渠道的对立，让许多电商企业的O2O之路显得举步维艰。就连天猫这个阿里巴巴旗下的巨型网络商城，也在探索O2O的道路上碰了一鼻子灰。

最初，由天猫开创的"双十一"购物狂欢节的一大目标就是要构建出全新的O2O模式。虽然天猫在2013年的"双十一"中狂揽350亿元，备受各界瞩目，但是被寄予厚望的O2O却出师不利。

天猫力推的O2O模式鼓励广大商户绕过商场这一环节，让各地的代理商、经销商等充当品牌的免费通道，这自然会直接引来传统销售渠道尤其是商场的极力反对。红星美凯龙、居然等一些线下的知名家居卖场公然抵制天猫，带来的一系列连锁反应让更多的线下商户采取了消极应对的姿态。

据亿邦动力网在2013年"双十一"期间的调查显示，许多品牌虽然声称参加天猫的O2O促销，但实体店并未像预先期待的那样真正参与其中。真实情况是，许多品牌的电商部门在积极推进活动，但实体门店并未落实。

除天猫外，许多知名的电商企业都试图涉足O2O，但尚未有一个真正成功的模式诞生。其中主要的原因就在于线上与线下巨大的成本差异使得两者之间很难采取统一经营的模式相互配合。

传统电商在O2O之路上举步维艰，那么微信小店这个全新的移动电子商务平台能否取得突破呢？虽然目前还不能妄下断言，但是一些微信小店在O2O模式上的探索为许多商家注入了信心。

"好药师"线上公司的发展，是以九州通的医药资源和全国的物流体系为依托的，和BAT三家公司均有不同程度的合作，以"好药师"的官方网站作为战略根据地，在第三方平台、APP等渠道全面尝试，对于微信小店这个全新的平台，"好药师"自然也不会错过。

在"好药师"涉足微信商业领域之后，不少人认为，如今医药电商的消费观念与习惯还没有完全转变，再加上网上医保支付、处方药政策等没有开放，微信商圈暂时还未成气候，人们普遍不看好"好药师"能取得行业突破。

然而，结果却大大出人意料，"好药师"的微信小店开张仅10天，订单数量就突破了5000单，创造了一波热销奇迹。

"好药师"在微信小店开张之前，其官方的公众号便已聚集了近百万粉丝，通过公众号"好药师"不定期地举办各种免费赠送、特价优惠等活动，用户的参与热情和活跃度很高。"好药师"所售的商品，均价比其他的网上购药渠道便宜了20%以上。同时，"好药师"的客服由专业的药师组成，随时为用户提供最专业的医药服务和指导。低廉的价格和专业的服务，让"好药师"在消费者中间久负盛名。

除此之外，"好药师"的成功还在于微信小店与"药急送"O2O的完美融合、无缝对接。"药急送"是"好药师"的微信小店主推的功能，其配送速度特别快，而微信小店的商品价格优惠，消费者可以根据具体的需求选择不同的购买及配送方式。目前，"好药师"已经在上海、北京、广州等地开通了O2O试点，当地的消费者在微信小店下单后，"好药师"即会联系附近的药店，第一时间进行配送。

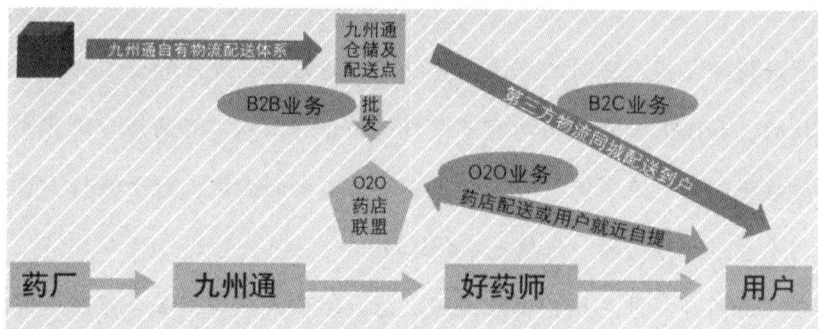

"好药师"商品配送流程

O2O是一块巨大的市场，基本还处于未被开发的状态，目前有能力玩转这块市场的人并不多。而微信小店能够借助微信的社交属性使客户产生巨大的黏性，同时，微信支付的开通也让微信商圈有了更多的筹码。微信小店已经成为目前为数不多的能够开展O2O模式的平台。O2O之路，势必能为微信小店增添更加强大的竞争力。

小不怕，美就好

一、小店太"小"

微信小店在推出后受到了多方的质疑，传统电商格局已经十分稳固，而微信小店看起来又实在太"小"了，似乎难以撼动业已形成的电商局面。

1. 平台小

虽然微信小店依托的是微信公众平台这一拥有数亿用户的巨大平台，但是电商平台与社交平台却有天壤之别。电商平台需要买家和卖家共同撑起，这并非简单的引流就能够完成，而是需要长期的经营与积累。淘宝从一无所有发展到如今的规模，也用了十年的时间。

2. 流量小

微信的6亿用户是一个让所有商家都会眼馋的数字，但遗憾的是，一个商家能够接触到的只是其中很小的一部分用户。微信是一个封闭的平台，无论是微信号还是微信公众号，都需要用户主动添加好友或是关注后才能搜寻、接收到相关的信息。而传统电商平台则是开放式的，任何消费者都能通过搜索来寻找相关的产品。所以从理论上说，传统电商平台能够接触到互联网上的所有消费者。一个微信公众号要经营到拥有数百名活跃粉丝都不是一件容易的事，而粉丝是微信小店的经营者能够直接接触与联系到的所有客户。

3. 品牌小

腾讯是家大企业，微信是个出色的产品，但是不可否认的是，它们在电商领域还远未成熟。无论是买家还是卖家，都会对新兴的平台有排斥和怀疑的心理。淘宝赢得信任花费了多年的时间，这是一个品牌建立的必要过程。微信小店这个品牌究竟还要多久才能真正建立起来，被人们所接受，现在还无从得知。

不过，"小"并不会成为阻碍微信小店发展的因素，转变思路，微信小店的经营可以向"小而美"发展。"小而美"，将成为微信小店发展的主旋律。

打造一家"小而美"的微信小店，就是要构筑一种特色文化。大而全并非不好，但只有与众不同的才是美的，才能够吸引消费者，让他们认同你、喜欢你，这就是所谓的品牌忠诚度。品牌忠诚度，其实就是消费者的偏好，是他们的兴趣和选择。

二、"小而美"的运营

1. 不盲目地追求低价

不要总是以低价作为自己的竞争优势，这只会让经营陷入被动。微信小店由于流量小，客户的总体数量总是维持在一个比较小的范围内，所以并不适合采用薄利多销的策略。消费者不会仅仅因为低价去购买一种商品，所以，微信小店的经营要注重商品品质和服务品质，因为缺乏与其他商家的横向比价，即使价格高一点也没关系，更多的利润空间能为微信小店的后续经营创造出更有利的环境。

2. 选择竞争力小的市场和领域

不要只是追寻一些热门商品，这类商品在市场上随处可见，而且竞争者极多，不仅得和微信小店中的同行竞争，实体店、普通网店中也有强有力的对手。为了取得竞争优势，势必要花费巨大的成本在宣传推广以及吸引流量上，自然就没有足够的力量为消费者提供最优质的服务，这与我们打造"小而美"的微信小店的初衷背道而驰。

3. 注重产品复购率

产品复购率就是同一消费者在微信小店中重复购物的次数。如果消费者仅仅光顾了一次就再也不来了，那么一定是你的微信小店还不够"美"，无法对他们产生足够的吸引力。产品复购率是经营者评价微信小店的主要指标，当复购率很低时，就要及时地寻找原因，做出改变。

4. 精准地选择商品

对于商品的选择要有方向性，准确地把握目标客户群的喜好，选择他们可能感兴趣的商品，这是微信小店的经营者需要注意和学习的。试想一下，当你进入一家店铺后，发现里面的商品都非常符合你的审美和需求，那么你一定会被吸引，产生购买欲。精准的商品选择，就是要让消费者产生这种感受和体验。

5. 发掘买家的好评

"美"，就要大声地说出来。当然，这话若由经营者自己说出来，消费者只会觉得是自吹自擂，由买家发出的好评才能对其他消费者造成决定性的影响。要让买家发出好评，就不能仅仅满足于为他们提供合格的产品和服务，而是要超出他们的预期，给他们带来惊喜，做得永远比他们想象中更好一点。只要做到了这一点，不用你主动招呼，他们就会自发地发出好评，主动帮你宣传和推广。

　　"小而美"的电商之路，是草根创业的一个极佳的选择。想要取得成功，并不一定要追求大规模、大流量，"小而美"，深耕细作，深入挖掘小众需求，同样能够赢得消费者的青睐。

内容为王，用精品吸引核心消费者

无论是哪一种商业模式，好的内容都是赢得消费者青睐的根本原因。微信小店中的好内容，不仅包括商品和服务，与用户之间的互动交流也是同等重要的。

"内容为王"的经营战略，就是一种精品战略，如何在微信小店中打造精品，是很有讲究的。

一、打造精品商品

微信小店的经营者应该主动求"小"，而非一味求"大"。这并不是说规模大的微信小店就无法打造出精品，只不过对于许多实力有限的经营者来说，保持小规模经营更容易把控全局，集中力量打造精品。

微信小店虽然避免了开实体店的一些麻烦，但是选货、进货、补货的过程一点也不轻松，需要经营者长期的经验积累才能够做到得心应手。经营者的选货眼光也需要长期的锻炼。所以，如果微信小店的规模超出了经营者的能力范围，商品种类过多、过杂，就难以保证货品质量。

所以，微信小店的经营者要优先锁定几种自己熟悉的商品，充分利用自己的专业知识和眼光挑选精品，确保微信小店中的每一件商品都是精品，这才是精品战略应当选择的方式。

二、打造精品服务

服务的形式是千变万化的，每一个经营者都可以设计属于自己的精品服务。无论形式如何，打造精品服务都应该掌握正确的服务理念，在正确理念支持下的服务，才有可能成为消费者心中的精品。

1. 从客户的角度出发提供个性化服务

在为消费者提供服务之前，我们应当仔细发掘对方的喜好和需求，根据他们的需求点来设计并介绍相关服务内容。消费者希望解决什么问题，希望得到什么支持，我们就提供给他们什么。不要仅凭自己的主观想象去提供服务，这样很有可能吃力不讨好。

2. 满足客户的虚荣心。

每一个人都有虚荣心，听到别人的称赞都会心花怒放。比如，在推荐衣服时，我们就要向对方描述这件衣服为什么适合对方，怎样搭配能达到对方想要表现的效果，这样的服务话术才是消费者希望听到的。而不是去说这件衣服如何如何热销，别人穿起来如何如何好看，这些在买家看来是乏味且空洞的。

3. 及时回复，耐心解释

当消费者主动与经营者交流，向经营者咨询一些问题时，经营者要在第一时间进行回复，而且对于买家的疑问要做出详细清晰的解释。这样，对方才会感觉你是专业的，才会对你的商品放心，对你的服务满意。

4. 最好的服务是成为消费者的朋友

如果买家对你的微信小店兴趣不大，不要死缠烂打地持续进行推荐，这很容易让人感到厌烦。如果买家现在确实没有相关的需求，没有购买意愿，我们可以和对方多沟通交流，先从做朋友开始，生意才会慢慢好做起来，这才是正确的服务理念。如果只是盲目地发送推荐信息，可能只会引起消费者的反感。

三、打造精品内容

微信小店的最大特点，就是借助微信这个社交平台构建起的商家与消费者之间紧密的关系，而这种关系的确立，离不开经营者长期的内容经营。

大多经营者都存在一个误解，认为微信或是微博营销只有那些网络大V才能做好，自己这个小账号做起来没有任何优势。其实不然，移动互联网，尤其是微信这个社交网络，一百个没有互动、没有关注、没有注入感情的粉丝，也比不过一个真实的、活跃的粉丝。与粉丝的互动才是最重要的，才是精品战略的关键。

1. 传授知识

好知识就是好内容，信息爆炸的移动互联网时代，人们每天要接触大量的垃圾信息，许多网友都不胜其扰。其实，网友真正想看到的"干货"，是对自己有价值的信息，是专业领域的知识。

通过传授知识获得粉丝以及消费者的忠诚，这和传统的商业关系完全不同，即便消费者没有购买你的商品，他们也会信任你、支持你、尊重你，仍然能成为你的活跃粉丝，口口相传你的商品和品牌。"文怡厨房"就是这样一个传授厨房知识的媒体。

"文怡厨房"主要是通过介绍如何"做菜"的知识而火起来的品牌。通过视频、微博、电视节目、微信公众号、博客等众多信息传播渠道，"文怡厨房"无时无刻不在介绍做菜这个知识，将好的菜品以及制作的方法推送给广大厨艺爱好者以及美食爱好者。

在参加聚餐的时候，经营者文怡会一边拍美食，一边在微博里将聚餐会中的食品与自己美食馆中的菜色做对比。在切水果的时候，她会把类似于"如何漂亮地切芒果"这样用三言两语就能说清楚的小窍门发在微博上，配上切好的芒果图片。哪怕是用洗手间的时候，她也会想到把"先盖上马桶盖再冲马桶"这样的小知识告诉大家。文怡随时随地都能够发现知识、创造知识、传播知识。

文怡的博客上总是不缺乏精彩的内容。她会告诉大家怎样在家自制盐卤豆腐；会告诉你不粘锅的保养、清洁；会教你一些炊具选择和收纳的知识；也会一步一步地教你用陶锅煮好一碗米饭。这些简单又实用的知识正是用户乐于看到的。

准备好充满新知的内容，并用这些内容培养出属于自己的"观众"，你无须花大笔无用的"冤枉钱"去投放广告。只要有好的内容，在移动互联时代，消费者就会通过各种方式主动地关注你，去了解你的知识，去向他们所有的朋友转发你的内容。有了庞大的粉丝群体，当你想推荐一个商品信息时，还怕会得不到响应和支持吗？

2. 将兴趣爱好和专业知识作为传播的内容

不管在任何时候，你的兴趣爱好和专业知识都是最好的话题。兴趣是最好的老师，专业知识是最好的载体，最强烈的需求就是自己的需求。以兴趣爱好和专业知识作为内容的中心，你才能投入最大的热情与感受编写出最专业、最吸引人的内容，这样才能获得更多用户的关注和好口碑，这就是在移动互联网时代中建立个人粉丝群的秘诀。

在微信朋友圈中，应当多与好友进行交流，了解和倾听好友们需要什么，思考我们的兴趣和知识是否能帮助到他们。如果觉得对他们有帮助，我们就可以主动进行内容分享。不要想着同时为所有的微信好友提供好的内容，每个人关心的内容都是不同的，你完全可以从小处着手，哪怕只有一位好友需要你的内容、关注你的内容也没关系，千里之行，始于足下。所以，现在就积极地将内容传播出去吧。

同时，经营者也不要急功近利，妄想一发出好内容就能立刻获取回报。扎实稳定地经营朋友圈，像朋友而非像商人那样对待微信朋友圈，你的粉丝群才能够扩大，你的个人品牌才能够成长。

3. 发出最真实的声音

为什么网友们喜欢泡在微信朋友圈中呢？因为朋友在那里。微信朋友圈虚拟形象的背后是一个个真实的人，在互联网的虚虚实实疏远了人与人之间的关系后，移动互联网的社交平台有望将人与人更紧密地联系起来。

每一个泡在社交平台的网友，都不是为了听取一些不着边际的吹嘘，听一些没有多少价值和创意的虚构知识，每一个人都希望看到最真实的生活，听见最真实的声音。

为什么一些在微信上卖商品的经营者惹人反感，被好友拉进"黑名单"？每天都是商品、商品、商品，除了"硬广"还是"硬广"，自然不可能赢得朋友的好感。其实，只需要你发出真实的声音，朋友们就会自然而然地包容你、接纳你。

网友们关注你，和你做朋友，是希望能看到你的生活，感受你的个性，与你交流现实生活的点点滴滴，而不是每天面对一个空洞的形象，看着空洞的商品信息。

记住，最真实的声音来自于背后的故事。不要害怕别人看到你的缺点，不完美的才是最真实的。保持你的本来面貌，不需要装饰，不需要美化，即使有缺陷也没关系，同时具备优点和缺点才能构成一个鲜活的形象，朋友圈才能感受到最真实的你，聆听你最真实的声音。

第五章
巧运营：开家赚钱的微信小店

　　无论是开实体店还是网店，商家的首要任务都是赚钱，否则，店铺经营不下去，又谈何发展呢？想要通过经营微信小店盈利，不是开通了小店、上传了商品就能实现的。只有充实微信小店的内容，运用各种运营技巧来玩转微信小店，才能达成理想的利润目标。

装饰你的微信小店，亮出你的风格

如果你走进一家店铺，发现店铺内只进行了简单的粉刷，货物杂乱无章地摆放在地上，这时你还会有很强的购买欲望吗？即便是品质很好的商品，放在这种环境下，也会让人感觉很不上档次。

有些人抗议说，外表不重要，好的内容才是赢得消费者的关键。但遗憾的是，这种观点在营销学中、在商业战场上并不成立。无论承认与否，每个人都会受到外部感官的影响。即使是普通商品，只要摆放在一个装饰得富丽堂皇的店面里，打理得井井有条，也会让消费者一眼看上去感觉十分"高大上"。

当然，这并不是说，我们在装饰店铺时应该不计成本地进行豪华装修，以此来误导消费者。经营者首先应当认识到店铺装修的重要性，然后进行符合主营商品档次、风格的装修，这才是正确的店铺装修思路。

比如，当你走进一家主营男士西装、领带的高档服装店，店铺内却满眼粉红色调以及各种可爱的蕾丝边，请问你会有什么感觉？"不伦不类""莫名其妙"，这可能是首先跳入你脑海中的词汇。然后，你可能会毫不犹豫地转身离开。

和实体店一样，网店的装修也是同样重要的。和实体店相比，网店装修不需要"大兴土木"，不依靠装修公司，只靠经营者一人也可以设计完成。但是，网店装修可并不容易，就拿淘宝网来说，如果经营者不懂作图软件，不懂淘宝店装修技巧，最后设计出来的店铺看上去就会平庸一些。而且，如今淘宝上的各类装修模块都要收费，要想装饰出个性，就需要付出更多的成本。

和淘宝相比，微信小店的装修就要简单许多，也没有收费项目。因为微信小店面向的主要是手机用户，而移动平台的展示能力要弱于电脑平台，所以没有必要设计五花八门的装修模块。微信小店的装修内容主要包含两个方面，一是店铺店招，二是货架模板。

在开始着手微信小店的装修工作之前，经营者要先确定自己的装修风格。装修风格如何确定？很简单，一是符合店铺主营商品的风格，二是迎合主要目标客户群的审美和喜好，而这两者之间，又有许多相通之处。

微信小店的装修不能片面追求美观、新奇，和商品相搭配才是最重要的。归根结底，我们卖的是商品，店铺装修只是吸引消费者的手段。再引用我们之前举的高档西装的例子，用一些较为成熟稳重的冷色系来装饰，例如黑色、蓝色、藏青色等，并采用一些帅气的真人模特作为店招，和商品就会很搭。

消费者的性别、年龄、职业、爱好等不同，造成了他们对不同装修风格的接纳程度和喜好程度的不同，店铺装修还要根据商品面对的主要消费群体的心理特点来选择相应的装修素材。购买高档西装的客户，大多是城市白领、经理人或是企业老总，他们每天面对的是严肃的环境，如果他们进入你的微信小店中，第一眼看到的是一个大大的卡通人物，就会觉得幼稚；而如果他们第一眼看到的是一个风度翩翩的职业人形象，就会觉得你的店铺很专业。

由此可见，很多时候，根据商品特点和客户喜好选择装修风格是一致的，因为商品本身就是根据目标客户群的喜好和需求来选择的。销售童装，可以选择一些含卡通素材、花边素材的图片；销售电子产品，可以选择一些有科技感、金属感的图片；销售饰品，可以选择一些富丽堂皇、有气质的图片。

除了整体的风格，色彩的选用也很重要，整个店铺的主色调是给消费者的第一观感。暖色系一般来说容易产生亲近感，例如红、橙、黄等色，适合面向年轻顾客的店铺。在暖色系中，粉红、鲜红、鹅黄色又是女性特别喜欢的颜色，在女性用品店或婴幼儿用品店中采用比较合适。冷色系给人端庄、肃穆、沉稳的感觉，例如蓝、黑、灰等色，适合销售高档用品的店铺使用。销售西装、高档工艺品的店铺一般都会选择冷色系。对于一些定位不那么明确的商品，经营者还可以根据季节来变换色调。冬季采用暖色系，在严寒冬日给消费者送去一股暖流；而夏季就采用冷色系，在炎炎夏日给消费者带来一丝清凉。

微信小店整体色调的营造，不能仅仅依靠店铺、店招，因为店招的显示面积是有限的，但微信小店又没有更多的可以填充颜色的装修模块，怎么办？有个很简单的方法：我们可以借助商品图片的背景色。在确定微信小店的整体色调之后，我们在拍摄商品图片时，就可以选择相应的颜色或花纹作为背景，然后再上传商品图片。如此一来，微信小店的整体色彩就能够充实起来了。

有一些经营者喜欢在店招中插入文字，比如在图片中嵌入店铺的名称或简短的宣传语等。一般为了美观，我们都会将这些文字做成形形色色的艺术字体，不过要注意的是，艺术字体的风格也要和微信小店的整体风格相统一。比如你的微信小店走的是庄重、稳健的路线，但是文字却选择了十分娱乐化、趣味化的字体，就会显得格格不入。

在明确了微信小店的装修风格，准备好相关的图片素材后，我们就可以着手开始装修店铺了。首先进入微信小店，点击"货架管理"，然后再选择模板库，在其中选择自己要用的货架模板。无论是哪一种模板，在上方都有一块区域供卖家添加店铺店招。选择好货架后，点击最上方区域中的编辑图标，上传我们事先准备好的店招图片。微信小店中的店招图片推荐尺寸为640×300像素，如果图片过大，可以先利用图形编辑软件将其缩小或裁剪成合适的尺寸。店招图片上传完成后，可以重新进入微信小店，看一下我们的装修效果了。

货架模板的不同形式带给了商品的不同展示方式，也会影响消费者的购物体验。比如最常见的微信小店普通模板是以商品直接展示为主，采用风格均衡、协调的货架模板，在店招之下，所有的商品用同样大小的空间平均展示。这种货架的优点是简单直接，消费者在进入微信小店后即可直接看到商品。而品牌模板就是以一张大图作为背景，然后在下方添加不同的商品分组，消费者通过点击不同的分组进入相应种类的商品界面。这种货架适合那些经营商品种类较

"美丽说"首页品牌展示

多、内容较杂的微信小店，可以有条理地归类商品，让消费者根据需要自主

选择，而首页的大图就作为微信小店整体的品牌展示。

除了店招图片可以由经营者自主设计之外，货架形式也可以由经营者自主开发。微信小店官方已经公布，微信小店在更新后进行了进一步的开放，其中一项就是"开发者可以将自己的页面作为微信小店的货架，即在自己的页面上，通过JS API调起预先上传好的商品"。简单来说，就是微信小店的卖家可以使用自己或第三方开发者设计的货架模板，而不再仅限于使用微信小店官方提供的货架模板。微信小店的商户可以根据自己的需求和喜好来为自己定制店铺页面，而原先的商品、订单、库存数据等重要信息仍然储存在微信小店的平台上。

货架模板的开放吸引了许多第三方开发者加入到微信的商业链条中，微信小店有可能增添和完善更多的功能。对于微信小店的卖家来说，自定义货架模板的出现，使店铺形式更加多样化，可以展现更加独特的店铺风格。

比如，我们可以将货架设计为面积不同的展示空间，按照主打商品的不同或是优惠促销商品的不同，给予现阶段主推的商品更大的展示空间。这样的微信小店货架看起来主次分明，避免了呆板的印象，也更容易吸引消费者，达成经营者阶段内的销售目标。我们还可以设计环绕型的货架模板，以销售笔记本电脑为例，消费者可能需要许多周边商品，例如鼠标、耳机、音箱、U盘等，但是我们的主打商品一定是笔记本电脑。所以，经营者可以将笔记本电脑的图片信息放在货架的中心位置，给予较大的展示空间，然后在四周放入周边商品的图片信息。这样的货架模板设计，不仅主次分明，而且个性十足。

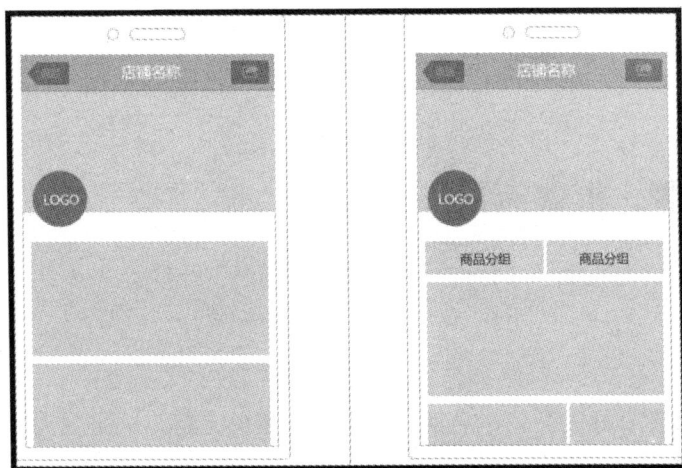

自定义货架模板

货架模板有无数种设计方法，经营者可以开放自己的思维，为自己的微信小店设计制作一组有独特风格的货架模板，展示微信小店的个性。

打造品牌，汇聚流量

一个运营良好的微信小店离不开两大要素的支持，一是强大的品牌，二是巨大的流量。品牌与流量是相辅相成的两个要素，强大的品牌是通过流量的不断累积建立起来的，而有了强大的品牌后，微信小店就能够更加轻松地获取流量。品牌的建立和流量的获取就像一个人的两条腿，如果两条腿不一样长，那么走起路来就会磕磕绊绊。所以，微信小店的经营者要做到品牌与流量"两手都要抓，两手都要硬"，这样，微信小店"跑"起来才能够稳定、快速。

微信小店的第一批开店者之一"印美图"，在6天内取得了百万元销量，就是有品牌和流量作为背后的支持。

"印美图"团队最初做的是一种紧密结合微信功能的智能终端，提供即时的相片及声音卡打印服务。消费者只要关注了"印美图"的微信公众账号，并向它发送照片，便能直接打印出精美的LOMO风格的照片。更有创意的是，消费者可以在发送照片的同时附上语音留言，打印的照片上就会附有二维码，只要扫描二维码即可听到自己的语音留言。"这样就可以给平面的照片带来独有的记忆，更鲜活，也很容易感受到岁月的痕迹。""印美图"

的CEO黄昱钏说。

　　由于"印美图"的产品特色鲜明，许多消费者或出于娱乐，或出于保存回忆的诉求，都愿意使用"印美图"来打印照片，"印美图"的微信公众号受到了许多用户的关注。而且，用户都十分活跃，也十分乐于分享自己的照片。公众号的经营给"印美图"团队打下了很好的品牌和流量基础。

　　"印美图"团队是一个以技术起家的创业公司，对销售并不在行，最初只是依靠外部代理商进行产品销售，公司自身也曾尝试过电商直销，但并没有大张旗鼓地开展，主要还是经营微信公众号。

　　后来，微信公众平台推出了微信小店，为"印美图"团队的销售提供了一个全新的、高契合的渠道。由于微信小店还是一个刚刚开放的平台，而"印美图"团队的主要产品——"印美图彩炫"的定价高达7800元，这是一个很难让人冲动消费的金额，所以一开始，"印美图"团队也没有对销量抱太大的希望。但是，"印美图"团队长久积累的活跃粉丝的追捧以及已经初具规模的品牌力量带来了强大的销售助力，仅仅6天就突破了百万元销售额，以至于连CEO黄昱钏也大呼"万万没想到"。

　　"印美图"的产品不仅受到了许多普通消费者的追捧，也受到了一些优质品牌、创新企业的欢迎。海底捞、万科、银泰百货、宝马、宝洁等品牌都是"印美图"的重要合作伙伴。在一些消费场所，诸如餐厅、KTV、咖啡馆等，我们都可以看到"印美图"的产品。

　　"印美图"6天突破百万元销量，并不是因为他们使用了什么神秘的营销手段，而是他们在正式展开销售之前就已经树立了一个颇有知名度的品牌，培养了一批活跃度极高的潜在消费者。"印美图"的成功是必然的，微信小店是帮助其打开成功大门的最后一把钥匙。"印美图"的"惊喜"，是有卖点的产品、活跃的粉丝群，再配合微信公众号的社会化传播以及微信小店的便利支付，这几个要素相结合产生出的强烈的聚合效应。

"印美图"产品页面

"印美图"的微信小店刚刚上线，粉丝效应就已经凸显了出来。"印美图"的公众号对"印美图"新机型的介绍性文章推送以及LOMO照片的展示形成了合力，在朋友圈中获得了大量关注，迅速发展为一个热点，抓住了那些喜欢尝鲜、猎奇的潜在用户的眼球。而且，"印美图"微信小店的销售页面制作精美，再加上之前分散在各地的实体代理商的推动，进一步强化了品牌传播。如此来看，"印美图"能够取得成功也就不足为奇了。

有许多经营者只关注营销策略，瞄准眼前利益，希望以最快的速度销售出自己的商品，可结果往往事与愿违。微信小店这个平台最大的优势就在于能与大量潜在消费者开展互动，这种互动有助于品牌的建设和流量的获取。而一旦有了品牌和流量，还用担心产品会卖不出去吗？所以，经营者应该将目光放长远一些，不要只关注账本上的销售业绩和销售利润，而是要将更多精力投入到打造品牌的工作中去，这样才能汇聚更多的消费者流量。有了流量基础，微信小店的商品销售就能够达成"星火燎原"之势。

多电商平台运作，资源共享

互联网时代是一个合作的时代，在这个经济全球化、发展高速化的时代，想要凭借一己之力来取得市场上的长期领跑优势几乎已经不可能了。无论是多么出色的产品，多么火爆的平台，都有可能在一夜之间陨落。昨天的敌人也可能就成为今天的战友，如今的电商战场也是一样。

当阿里巴巴通过透支消费者的购买力创造出"双十一"的350亿元销售额，当淘宝的流量成本变得越来越高，当越来越多的中小型卖家正在或准备离开淘宝，当京东POP、微信小店等众多新兴电商平台开始兴起时，电商领域的多平台运营已经成为不可避免的大趋势。

近几年来，众多选择电商创业的卖家们惊讶地发现，本来自己是想发家致富当老板的，结果现在却成了平台运营商的"打工仔"。为了使销售额有所增长自己工作越来越辛苦，平台运营商收取的费用也越高。保证金、手续费、流量费用、模块费用、服务费用等等，想要赚得更多就要投入更多，一切都是平台运营商说了算。自己一点一滴地树立起店铺的品牌，最后成就的却是平台运营商的声名鹊起。把品牌命运和经营主动权掌握在自己手里，成了众多卖家共同的心声。而全网渠道、多电商平台的组合运营，就是实现电商卖家健康快速发展的必由之路。卖家们可以不再去做无奈的选择，而是自已决定店铺的运营策略。

就拿目前最火的传统电商平台——淘宝和作为新锐力量的移动电商平台——微信小店来说，这两者分别是如何实现配合运作、资源共享的呢？

现在开淘宝店，最昂贵的就是流量费用，虽然淘宝是开放平台，但是获取流量并不容易，因为淘宝有公开的评价机制和排名机制，绝大多数消费者都会优先选择信誉高或者排名靠前的卖家。流量越大，成交量越大，店铺的信誉就越高，也就能更加轻松地带来后续的大流量。所以，许多淘宝商家总是不遗余力地通过各种渠道引入流量。

女装是淘宝平台的第一大商品类型，四皇冠以上的淘宝女装卖家，一般每周会上架10款以上的新品，新品上架后卖家基本都会做同一件事，那就是群发短信给在店内消费过的买家，通知他们有新货上架，请他们光顾。那么，这不起眼的短信费用通常会是一个怎样的数额呢？一个四皇冠的女装店一周差不多要发5万～10万条短信，按照平均每条短信5分钱来计算，一周就是2500～5000元，一年算下来就是12万～24万元，这已经是一个相当惊人的数额了。

有些卖家说，100条短信5元钱，只要有一个人来店铺购买我就赚到了，即便转化率只有1%也没关系。但是，现在有许多种信息传递方式，经营者完全没有必要在"一棵树上吊死"，花无谓的"冤枉钱"。比如，用现在流行的微信或公众号取代短信推送，就能取得更好的效果。首先，一年可以省下一笔不菲的短信费用；其次，微信的信息可以做到图文并茂，比短信生动得多，更容易吸引眼球；再次，使用公众号进行群发的效果数据可以直接进行监测；最后，如果消费者看到商品图片感到有兴趣，可以直接跳转到手机版淘宝作进一步的了解，更容易促成冲动消费。

引入流量的另一种常用和有效的方式是各类按点击收费的推送广告，这是淘宝平台设计的一种收费服务，消费者点击后即可转到店铺界面或商品界面，所以能保证信息传达到位。不过一次点击就要收费2~3元，而且据统计，这类流量转换率只有不到2%，也就是说，100人点击进入你的店铺，最终的成交数不超过2笔。你为100次点击量花费了200~300元的成本，最终却只成交了2笔生意，这就要先在心里打一下算盘：你的利润足够支撑你的成本吗？

而用微信公众平台引入流量，不仅不需要多少花费，而且流量的转化率也很高。比如，我们可以先在公众号上推送几款商品的图文信息，过一段时间后统计一下浏览数，浏览量最高的几款商品一定是消费者普遍感兴趣的商品，然后，我们再对这几款商品进行重点推送，成交的成功率自然会高一些。

此外，利用微信公众号可以更加方便地与大量消费者展开互动，毕竟消费者都本能地排斥广告，直接的广告推送效果自然不会好。以前传统广告泛滥、网络广告刚刚兴起时，消费者还会觉得网络广告挺有意思。可如今网络广告更加泛滥，许多网民在浏览网页时都会有误点广告的经历，不胜其扰。先做朋友，后做生意，这是网络卖家如今普遍认同的经营方针，而公众平台就给卖家提供了一个强有力的工具。

总而言之，传统的电商平台通过微信公众号可以低成本、准确地掌握消费者的喜好，而后制定更精确的商业决策，进行更精准的信息推送，从而降低风险与投入，提高流量与收益。

从另一个角度来说，微信小店也可以借力传统电商来强化自身的运营水平。传统电商的缺陷是流量贵，而微信小店的缺陷是流量小。尽管微信的用户数十分可观，按微信官方的说法是达到了6亿，但是微信和微信公众号是一个相对封闭的平台，信息的传递通常只存在于内部。微信的用户总量很大，但是作为一个商家，能接触到的仅仅是其中很小的一部分。无论你微信小店中的商品多么精彩，多么诱人，也只有你的微信好友和关注你公众号的用户能看到。

针对微信小店流量局限性的这一缺陷，经营者可以借助其他电商平台来为微信小店引入外部流量。比如，你同时经营着一家淘宝店和微信小店，卖着同样的商品，就可以在淘宝店铺中推广自己的微信小店，并告知消费者，在微信小店中购物可以享受更低的折扣，这样就能对自己的微信小店进行更大范围的宣传推广。

除了流量资源共享外，微信小店和传统电商之间还可以进行商品资源共享。我们可以看一下做微信朋友圈生意的网友"猫小白"是如何做的。猫小白的商业模式很简单，就是从淘宝到微信的"移花接木"——从淘宝上搜寻好的商品，然后通过微信以略高的价格卖给朋友圈的客户，从中赚取差价。这听上去有点匪夷所思，但猫小白就是用这种方法做到了每月数万元的销售额。如今他还注册了自己的公司，名为"猫乌兹"，正式在朋友圈做起生意。

在谈到自己的成功时，猫小白说："曾经也有许多人对我的成功感到不解，'客户干吗要花更高的价格从你这里买东西，直接去淘宝不是更好吗？'其实，这只是一种自我中心式的想法。对于这些人来说，淘宝购物是一件简单且习以为常的事情，但并不是所有的消费者都是如此。一些不熟悉淘宝的人，想要在茫茫的商品大海中迅速搜寻到自己想要的商品并不是一件容易的事，尤其是一些冷门商品。而且淘宝复杂的购物流程对于他们来说也很困难。于是，我帮他们搜寻商品，将商品信息发到朋友圈中，再加上自己的一些描述。客户有购买意愿，就和我联系，我再从淘宝下单，直接发给客户。"

猫小白的成功，就是抓住了不同平台的不同用户特点。现在的许多中老年人，也许会拿起手机玩玩微信，但是操作淘宝、使用支付宝或网银对他们来说还是一件很困难的事，这部分人群就成了传统电商平台的"盲点"，而利用微信平台的营销正是抓住了这一市场空白。所以，每个电商平台都有自己的优势和劣势，不同平台之间是可以实现互补的，而不是简单地评价哪个平台好，哪个平台差。

淘宝上的商品种类和数量虽多，但是一些冷门商品的搜索和质量比较是比较让人烦恼的。就拿我的一次个人经历来说，有一次，我在朋友家喝了一种茶，感觉味道不错，但是当地市场又买不到，于是我想到了去淘宝购买。但是搜索一圈下来，只找到了6家店铺在销售这种茶叶，而且店铺的信誉等级普遍不高，价格也从几十元到几百元不等，差距非常大。这种情况就很让人纠结：买便宜的担心买到假货，而买贵的又担心被坑钱。

但是在微信小店上购物就不用担心这些问题，微信小店的经营者是你经常交流、比较熟悉的人，他们的信誉是有保障的。而且我们也可以到朋友圈中查看其他买家的评价，微信朋友圈中的评价都是买家的真实想法，不存在刷信誉、刷评价一说。所以，在微信小店中经营淘宝中数量较少的冷门商品，能与传统的电商平台产生互补效应。

所有的电商平台都不应该孤立地来看待，无论是传统电商平台也好，移动电商平台也罢，都有着相似的起源，客户都是喜欢网络购物的消费者，面对的都是整个电商平台的发展和进步。开展多个电商平台的综合运作、资源共享，能够弥补各家平台的不足之处，为各个平台的进一步发展指明方向。

拿什么成就你，我的爆款

什么是"爆款"？简单来说，"爆款"就是大家都喜欢的商品，人气高、销量大的商品就叫"爆款"。"爆款"的概念最初出现在网络购物普及之后，和我们常说的热销商品比较类似，只不过程度更深一些。许多淘宝卖家都将打造爆款作为重要的目标和任务，甚至还产生了以爆款作为支点的爆款营销。

爆款商品究竟有何种魔力，引得众多商家不计代价地投入其中呢？

首先，爆款能够直接带来巨大的收益。爆款产品销量巨大，而且这种销量不是建立在降价、促销这类优惠活动基础上的，完全是以商品本身的性能和魅力吸引消费者购买。这就意味着爆款商品能在一个正常的利润水平上实现巨大的销量，这样就能显著增加卖家的收入。

其次，爆款能增强商家的关联销售能力。爆款很容易对店铺内的其他相关商品产生拉动效应，进一步增加销量。比如，你的微信小店中的爆款商品是某款最新上市的数码相机，而购买该数码相机的人一般还需要存储卡和读卡器等附加配件，如果你的微信小店中有这些商品，那么消费者一般都会一起购买，避免不必要的麻烦。这样，数码相机的热销同时也拉动了存储卡和读卡器的销量。

最后，爆款能带来强大的口碑效应，提升流量的转化率。如果一件商品成为爆款，那么它很容易成为消费者口中的热门词汇，消费者可能会向亲朋好友展示推荐这种商品，或是议论该商品的优点、特征等。消费者谈论得越热烈，爆款的知名度就会越高，就会有更多的消费者关注或购买。很多时候，我们辛辛苦苦将消费者引入了店铺中，但消费者面对琳琅满目的商品却不知如何选择，不知道哪件商品是优质的、是可靠的，最终变为了"匆匆看客"。而有了爆款后，消费者就有了选择的依据，而且有众多已购买的消费者作为品质"担保人"，就相当于吃下了"定心丸"，不会再做无谓的担忧了。

既然爆款对店铺的经营有着如此巨大的推动作用，那么作为电商平台的新生力量，微信小店在运营中自然也不能忽视爆款的打造。

打造爆款最重要的步骤就是选择好爆款商品，能否正确选择一个有潜质的爆款商品，直接关系到爆款能否成功。那么，如何正确选择爆款商品呢？

一、分析市场数据，预判销售趋势

许多中小卖家由于自身的实力和经验所限，在选择爆款商品的时候，会跟随一些大卖家的商品策略。看到同行的大卖家哪种商品销售得好，就马上去寻找这类商品的货源，然后放到自己的店内销售。这不是一个好的爆款选择方式，很少有商家能靠这种方法成功。

盲目跟随他人的选择，会打乱经营者自身的计划，可能经营者原本根本没有想过卖这类商品，去哪里寻找货源、如何营销、利润有多少、具体需要达到怎样的销售业绩等，这些都没有事先的设想和准备，很不利于经营工作的开展。而且，每家店铺都有自己的优势货源，盲目的跟随者很难找到好的货源，这种销售无疑是"以己之短，击他人之长"的做法。

另外，这种爆款选择方式也有很严重的滞后性。当你注意到大卖家的某件商品销量火爆时，该商品通常已经进入了高速成长期或是销量巅峰期。这时你才去慌慌张张地联系货源、进货、上架、推广，等你完成这些工作的时候，可能最佳的销售期已过。这时，你才会发现，自己搭的不是"顺风车"，而是"末班车"。

所以，想要在市场中不处于被动的不利局面，就不能不经分析地追随着别人的脚步，而是要预判市场的消费趋势。一些卖家通过经验的日积月累培养出敏锐的行业洞察力，比如，一些经营服装生意的卖家能大致预测出今年会流行哪些种类的服饰，从而提前做好准备工作。对于那些没有足够观察力的新手卖家，则可以通过一些数据分析工具和方法来把握趋势。

比如，我们可以多去逛一逛实体店，问一问店长或店员今年哪个款式的商品比较受欢迎，或者是到淘宝上看一看最近几个月的热销商品有哪些共同特征。虽然平台不同，但消费者对于商品的喜好和需求是不变的。此外，要注意的是，我们是寻找商品的种类和共同点，以便去准备一些符合这些特点，但尚未在市场中大卖的商品，而不是去寻找商品的具体型号，否则又会陷入跟随和模仿的误区。

二、注意挖掘有价值的信息，及时抓住市场机遇

寻找爆款时，不要只着眼于当前的数据分析，还要有一定的预见性。因为有些爆款商品的黄金销售期只有几天，如果你没有准备好提前量，或者是进货、推广不够及时，可能就会错过销售良机。

季节性商品中最常见的就是服装。服装行业的进货与销售，通常都是在换季前的几周甚至是一个月就开始了，如果等到了换季时才去进行相应的打造爆款的工作，等到相应的商品备齐后，同行们可能早已经在为销售新品而忙得不可开交了。

所以，在选择爆款时，一定要注意行业的特性，不能仅看到眼前的利益，还要挖掘出深层次的利好信息。比如天气、季节、环境的变化，这些都有可能成为影响爆款选择的重要因素。另外，一定要及时关注有关热门类目的变化，关注重点大流量关键词的变化，提前布局、有的放矢，这样才能抓住机遇，借上"东风"。

有些经营者认为将热门商品打造为爆款要面临过大的竞争压力，消费者也不容易产生兴趣，不容易取得成功，这种观点是错误的。实际上，真正热销的商品往往是那些看上去"俗得掉渣"的商品，因为这类商品更能获得大众的普遍认同。另外，关于同行的竞争，经营者不能因为害怕压力就选择"绕道而行"，这是一种逃避的思想。真正优秀的经营者，不会去想着怎样避免竞争，而是如何比竞争对手做得更快、更好。

"尚衣品服饰"是淘宝上一家特别善于打造爆款的商家，全店的商品种类最多不超过28种，但其中月销量超过3000件的就有4种。在谈到打造爆款的秘诀时，尚衣品服饰老总谢生先生总结了一句精辟的话："跟风选款，剔除异类，小量试销，大量补货。""尚衣品服饰"就是严格按照这句口诀一次次成功打造出爆款的。首先，他们通过大量的数据搜索与分析找到当前或未来一段时间可能会流行的服装款式，然后根据自己店铺的特点来剔除不合适的商品种类，仅保留合适的。"尚衣品服饰"主要经营的是韩版上装和牛仔裤，因此他们在选款时就会以这两类作为重点。在选择了几款流行服饰后，尚衣品服饰不会主观地去判断评估，而是对所有种类的商品都小批量进货进

行试销，再根据销量做出进一步选择。销量好，买家反响热烈的商品就大量
进货，然后加大宣传推广攻势，自然而然地就打造出了爆款商品。

由此可见，只要能够在发现机遇后迅速展开行动，并运用科学的方法进
行管理，打造爆款就能够取得成效。如果只是一味地害怕竞争，试图去找到
所谓的成功捷径，那么只能不断地与爆款擦肩而过。

三、明确爆款商品的特性

选择爆款之前，经营者一定要先弄清楚什么样的商品才能够成为爆款
商品。

想要商品热销，第一个要素就是价格不能太高，价格太高就意味着需求
量有限，这样的商品很难成为爆款商品。比如，一个价格仅数十元的陶瓷
或玻璃饰品有可能打造为爆款，而纯金的、动辄上万元的首饰想要打造为爆
款，显然是天方夜谭。这和商品的品质与新意无关，纯粹是因为过高的价格
不可能造成人人"哄抢"的效应而已。

第二个要素是商品的质量要好，这个质量好的标准是具备很高的性价
比。一件商品想要引起消费者的"哄抢"，就一定要让消费者从心里觉得这
件商品超值，要让消费者产生"错过了之后可能就很难再碰到这么好的商
品"的感觉。如果消费者觉得有许多类似的商品可以替代，那么就很难成功
地打造爆款。

第三个要素是要符合消费者的审美和需求。即便一件商品的性价比再
高，如果消费者不喜欢或不需要，那么也无法顺利地打造为爆款。消费者心
理学研究显示，平易近人的款式最容易成为爆款，因为消费者对平易近人的
款式抵触心理最小；过于突出个性、过于出位的款式反而容易失去消费者，

毕竟抱着从众心理的消费者居多。这也是我们在选择爆款时瞄准热门商品的原因，因为爆款是要迎合绝大多数人的口味，而不是用来满足经营者或是某一部分特殊客户的独特兴趣。当然，如果你的店铺本身就打算吸引细分人群，吸引某一特定客户群体，那突出产品的特点就很重要了，产品的个性就是吸引细分消费者的卖点。

第四个要素是爆款商品要货源充足，能迅速补货。爆款就是要进行大规模、大批量的销售，如果库存无法及时跟上，那么销售也就无从谈起。所以，在进货之前，一定要和厂家或批发商沟通好，甚至直接实地考察，确保他们能够准备充足的商品，且能迅速地送达。爆款就是借势来不断地销售，一旦因为缺货而导致某一天无法正常销售和发货，那么之后想要再度炒热消费者的购买激情就困难了。

所以，经营者在明确热门的商品种类后，就要根据以上四个爆款要素，进行更加细致的商品选择。价廉、质优、平易近人、货源充足稳定，选择具备这四种特征的商品，才容易打造出爆款。

四、爆款商品常见的形式

1. 新品型爆款

这个是最为常见的爆款打造方式，看准某种最新研制和发布的商品，将其打造为爆款。根据上文介绍的爆款选择标准，选择恰当的新品作为爆款，优先抢占市场，是比较容易取得成功的。但同时，这也要求经营者有精准的选款眼光。

2. 跟进型爆款

跟进型爆款是发现竞争对手的某款商品有可能热销或正在热销，如果能够找到价格上有竞争力的优质货源，且能够很快地备齐货源，那么就可以考虑及时跟进，只要宣传推广工作做足，爆款的销售周期足够长，也能够成功地打造爆款。

3. 促销型爆款

促销型爆款通常是针对某种有一定销量基础且消费者会重复消费的商品，比如一些快速消费品，消费者每过一段时间就会进行补充。针对这类商品，我们就可以进行优惠促销，吸引新老客户进行大量的、频繁的消费，从而打造为爆款。

4. 老客户型爆款

老客户型爆款适用于已拥有一些客户资源、已经具备一定规模的店铺。平时做好客户关系管理和老客户营销活动，增加店铺的客户黏性，然后仅仅针对有联系方式的老客户发送新品信息或促销信息。老客户爆款的优势在于成功率比较高，尤其对于经常在店内消费的老客户来说，吸引他们来再次消费要比开发新客户容易得多。而且一旦老客户开始大量消费，成功打造出爆款后，就更加容易吸引新客户。

5. 节日活动型爆款

节日活动型爆款就是借助各类节日开展营销活动，从而打造出爆款。每当到节日时，无论是实体店还是网店，总会有大量商家开展优惠活动，而消费者们对于这类活动也是喜闻乐见。就拿最近几年被打造为购物狂欢节的"双十一"来说，销售纪录逐年创新高，可见消费者对于节日促销还是比较买账的。

五、爆款打造的四个时期

1. 导入期

导入期是爆款商品刚刚上架的时期，也是爆款打造的"试验期"。这个时候并不需要开展大规模的宣传攻势来吸引流量，只需要维持微信小店平时的平均流量即可。这个阶段主要目的是检验我们选择的爆款商品是否能被消费者接受，是否有潜质成为真正的爆款。尽管我们在选择商品时对商品特征、消费者心态做了详细的分析，但是目前还没有任何依据来保证我们的分析结果是正确的，唯有通过实践，才能真正了解消费者的需求和喜好。

在导入期中，认真考察商品在消费者中的反响是最为重要的工作，这是我们判断商品能否成为爆款的依据。对于商品的考察不要只注重销量，因为这个阶段我们还没有进行大力的宣传推广，并不知道有多少消费者注意到了该商品，销量也就不足为信。我们需要注意的有两点，一是流量转化率，二是消费者的评价。

流量转化率就是购买商品的消费者人数与浏览商品的消费者人数的比值，这个数值越高就说明该商品被购买的概率越高，也代表该商品很容易吸引消费者。当然，要有一定的流量基础才能作为判断依据，如果仅有一位消费者看了该商品而他恰好又购买了，就认为该商品很受欢迎，显然是不具参考性的。

消费者的评价是消费者对商品喜好程度的直观反映。我们都有类似的经验，在购买了某件商品后，发现该商品完全符合我们的预期甚至是超出我们的预期，我们就会兴奋地给卖家一个好评，并迫不及待地向好友展示自己的"战果"。消费者的评价就是口碑的基础，有好口碑的商品才更容易成为爆款。所以，在消费者购买商品后，我们要主动询问消费者对商品的评价，或者是关注消费者在微信朋友圈中有没有主动进行分享，这不仅有助于我们判断该商品是否是让消费者兴奋的商品，也可以作为下一阶段中我们的推广工具。

导入期虽然是一个比较"冷清"的阶段，但也是一个非常重要的阶段，它可以帮助我们避免无谓的投入和损失，并修正我们的经营方向。通过导入期的验证，如果商品确实如之前预想的一样能够成为爆款，我们就可以放心地将时间和资源投入到下一阶段。相反，如果发现商品并不像设想的那样受到消费者的欢迎，我们就要进一步分析原因，并调查消费者的观点，然后选择新的爆款商品，进入一个新的导入期，重复验证环节。

导入期中还有一项重要的工作就是进行宣传推广预热，无论我们准备的爆款商品有没有通过验证，都要先借助主力营销工具——一般采用微信公众号——对主要客户群体进行商品信息推送。这不会花费我们太多的时间和功夫，但是却可以为下一阶段的宣传推广奠定良好的基础。

2. 成长期

成长期就是正式开始推广爆款的时期，也是商品流量和成交量增长最快的时期。在这个阶段中，经营者最重要的工作就是推广，要在最短的时间内让爆款信息得到最大范围的传播，让尽可能多的消费者获取该信息。

想要在短时间内取得最好的宣传效果，就需要经营者动用一切可以动用的资源和手段来开展全方位、"无死角"的营销攻势。

作为主力营销工具的微信公众号自不必说，和公众号紧密相连的个人微信号、QQ号，也应当进行同步宣传推广。此外，微博、论坛、贴吧等也是我们经常使用的网络营销平台，这些平台都不需要我们投入金钱，只需要花费一些时间，所以，不要错过任何一个推广工具，多一个渠道就多一点机会。

微信小店的营销通常都是以网络为主，不过，在条件允许的情况下，我们也可以采用一些传统宣传手段，开展线上线下双重攻势。尤其对于一些有实体店的微信小店经营者，大可以在店内销售爆款商品的同时宣传自己的微信公众号和微信小店。一般，消费者对于有实体店的网店都是比较信任的，也就更有可能关注商家的公众号，并在微信小店中购物。

成长期是经营者最为繁忙的时期，不仅要在多个平台投入宣传推广工作，还要应对铺天盖地的订单，做好进货、发货、客服、售后等一系列工作，所以，工作的总体规划和取舍是很重要的。

货源准备充足非常重要，因为销量随时有可能出现爆炸式增长，所以不能仅以前一阶段的销量作为依据，要准备足够的库存。如果离货源地很近，商品能够很快到货，那么就可以适量压低库存，减少库存压力与风险。

要及时查询客户订单，接到订单后要以最快速度发货。订单处理速度是服务质量的重要表现，有些客户可能不在乎你的语言是否足够亲切，但是却会很在意你的发货速度。

在这个阶段尽可能使用自动回复，因为一个个应对客户需要消耗大量时间，而且许多客户问的问题都是相同或相似的。可以根据客户的常见问题预先设置好自动回复的内容，这样可以解决大多数客户的疑问，有特殊的疑问时我们再进行人工回复。

售后问题可以适当压后，在有时间时集中处理。我们可以向客户解释商品销售火爆，工作繁忙，请求客户的理解，然后快速解决问题和要求，客户一般不会对你稍不及时的处理而耿耿于怀。

按照上述的要点为该阶段的主要工作划分好主次，即便在这个繁忙的阶段，你也一定能将爆款销售打理得井井有条，只要不断坚持，成功就不远了。

3. 成熟期

当我们不再进行大规模的宣传推广，爆款商品仍然能取得大量且稳定的销售数据时，就标志着该爆款已经进入了成熟期。在这个阶段中，爆款商品仅仅依靠前期积累的名气和影响力就能持续地销售出去，不再需要经营者进行高密度的宣传推广。

当爆款进入成熟期后，经营者只需保留几种最主要、最常用的宣传推广方式即可，不必再像成长期那样无缝推广，如果宣传过度，很容易成为一种骚扰，反而会让消费者反感。由于经营的是微信小店，所以我们还是最推荐使用微信公众号来作为成熟期的主要推广工具。一来这是微信小店搭建的平台，和微信小店关联最紧密，可能用户在关注你的公众号的同时就会顺便到你的微信小店中逛一下。二来我们只需在公众号中不断地提供新内容让用户自主选择阅读即可，该阶段最重要的工作是维护客户关系，而公众号的宣传推广方式正好能迎合这个目的。

成熟期是一个平稳的时期，也代表这一次的爆款打造计划已经取得了成功。不必再为宣传推广费心费神的经营者，这时可以将目光收回来，多关注内部，这时最主要的工作，就是同客户建立更加紧密的关系。我们可以增加与客户间的沟通与互动，关系是聊出来的。不要只围绕着商品或买卖的话题，生活琐事、兴趣爱好等都可以拿出来作为谈资。只有话题超出了商业范畴，你和客户才能建立买卖关系之上的情感联系。另外，面对客户的疑问和异议，我们可以花费更多的时间予以解答或解决。让客户感受到超乎想象的优质服务，比你说一大段漂亮话要有用得多。

在维护客户关系之余，经营者还要关注可能会对爆款销售产生影响的因素。市场的变化、新产品的突然面世、竞争对手的介入等等，这些都有可能直接影响我们的商品销售。第一时间发现并及时做出应急预案，就有可能使我们度过危机或是减少损失，而不是在局面无法扭转后才去长叹一口气，说一些无用的后悔话。

4. 衰退期

当爆款商品的成交量开始呈现显著下滑的态势，如果我们依然在进行爆款的推广和维护工作，而流量仍然在不断减小，这就说明这款商品已经过时或者是达到了市场饱和，从而进入了衰退期。

当爆款进入衰退期后，经营者应该果断减少在该商品上的推广投入，不去留恋曾经的辉煌。无论是多么优质的商品、多么优秀的推广，都必然会迎来衰退乃至衰亡的一天。市场的容量和需求是有限的，商品也是在不断地革新进化的，没有永远热卖的商品。在爆款衰退阶段，投入已经难以再带来相应的产出，盲目投入不利于微信小店的高效经营。

在这个阶段，经营者就不必再进行主动推广了，可以完全依赖老客户的关系来进行剩余商品的销售工作，也可以通过进一步降价来尽可能处理掉库存商品。接下来，经营者就要转移注意力，将全部的精力放在寻找和打造新的爆款上。一个爆款的衰亡不是爆款营销战略的终结，而是新的爆款、新一轮销售的开始。

选择新的爆款商品，最好能注重和上一款商品的关联性，这样就更容易借势，更容易炒热爆款商品。假如我们上一款爆款商品是某品牌手机，然后该手机厂商刚研制出的新型号手机即将上市，且在产品公布后消费者的反响很不错，那么我们完全可以提前做好应对准备，将这款新手机打造为我们新的爆款商品。

如果无法借势或难以借势，我们就可以选择传统的市场调研方法来重新界定消费者当前的喜好。不过，在做市场调研时，我们可以以曾经购买过爆款商品的客户作为主要调研对象，尤其是那些多次购买的回头客或是购买数额较大的大客户，是我们调研评估的重点对象。因为这类客户的消费欲望和消费能力比较强，而且和我们缔结了紧密的商业关系，对我们的微信小店一定有着更多的信任和认同，就更加容易被吸引，也更容易达成交易，所以他们的意见和观点至关重要。

第六章
强营销：用互联网思维"烧好"微信小店"头把火"

无论在哪个平台、做哪个行业，营销都是必不可少的，对成功都有着至关重要的影响。而在互联网时代，思想的转变、工具的进化，又催生出了营销理念和营销方式的新变化。如何利用互联网思维的营销打响经营的"第一枪"，是微信小店顺利运营的关键。

抓住用户的痛点：痛点就是卖点

有许多微信小店的经营者，还是只将低价作为卖点，借助微信小店经营成本低的特点，尽可能地为消费者提供比淘宝、京东等传统电商更低的价格。但是，大打价格战绝非一种良性的经营方式，也很难获得客户真正的认同和追随。一个经营成功的微信小店，一定是抓住了用户的痛点，解决了用户的痛点。

一、什么是痛点

痛点思维是互联网思维的重要组成部分之一。如今，许多商家都在强调，痛点是营销的"第一生产力"，瞄准了痛点就不愁销量。痛点，顾名思义，是痛苦的要点，是用户在使用某种产品或服务时不断抱怨、感到不满、让自己痛苦的接触点。放到具体的产品上来说，痛点就是产品的原始需求中被大多数用户反复表达的一个亟待解决或有待实现的愿望。

用户的痛点类似于用户的需求，但是这种需求必须是未被满足的刚性需求，比普通需求更甚，否则就没法戳中用户的"痛处"。比如一款手机没有照相功能或是像素不高，对于客户来说可能还没有那么"痛"，但如果是手机信号不好，就是一件让客户很"痛苦"的事情了。痛点也会随着时代的变化而变化，因为人们的要求在不断提高。比如，现在对许多年轻人来说，一款手机如果无法上网，即便它其他功能再强大，也是一个使用起来十分不便的产品。

用户的痛点是许多企业开发新产品的出发点，为解决客户痛点而开发出的新产品往往能够赢得客户的好评。比如百度在刚开始做搜索引擎时，发现互联网用户之所以热衷于搜索，主要就是想要寻求问题的答案。而那时互联网还不算普及，许多用户并不懂得搜索的技巧，经常直接在输入框中输入一个完整的问题，很难获取正确的结果。于是，为解决用户的搜索难题，"百度知道"就此诞生了。"百度知道"就是给这类不会搜索的用户提供一个出口，让他们把问题提出来，然后再由另外一些会搜索或是知道答案的用户，把正确的答案反馈给他们。

用户的痛点也可以创造出来，这要求经营者有很强的前瞻性，许多让世界瞩目和震惊的创意产品都是这样诞生的。在平板电脑面世以前，人们外出办公或上网，可能会带上笔记本电脑；出门在外想看视频，就拿出手机。但是在平板电脑出现之后，人们的感觉瞬间发生变化，笔记本电脑笨重、手机屏幕太小，都成了用户的痛点。

正如同亨利·福特所说："如果我去问消费者，他们想要什么样的产品，他们只会告诉我想要更快的马车，而不是汽车！"因为普通的消费者并未认识到有汽车这样一种更好的交通工具，所以他们觉得马车很好。由于环境和专业领域的限制，消费者有时会认识不到痛点或是提不出解决痛点的方案。所以，优秀的经营者有义务去帮助消费者发现痛点，解决痛点。

世上没有十全十美的商品，不同的消费者有不同的审美和需求，无论是饱受批评的产品还是广受好评的产品，其实都有相应的痛点，只是让消费者"痛苦"的程度不同罢了。苹果出品的iPod以时尚的造型和全新的音乐获取与传输方式受到了众多音乐爱好者的追捧，但有趣的是，iPod shuffle只能使用耳机来听音乐，并没有自带外放功能。对于一些喜欢独自享受音乐的爱好者来说，这一"缺陷"可谓无关紧要，反而成了个性的象征。但是对于一些喜欢与他人一同收听和分享音乐的爱好者来说，这是一个让人难以忍受的设计。于是，许多厂商就瞄准了客户的这一痛点，开发了与iPod shuffle配套使用的外部扬声器等产品。这些产品最终都取得了不俗的销量。

所以，即使是再好的产品也有遭人诟病的地方，产品的痛点是产品改进的方向，正是因为有了痛点，产品乃至整个行业才能向更好的方向发展。产品的进化促进了整个时代的进步，而时代的进步又催生了许多新的痛点。这两者之间形成了一个相互带动、共同前进的齿轮组。

除了具体的产品痛点，经营者还可以从更大的方向上来发现行业痛点，这对于许多中小型经营者来说是更加容易实现的。因为行业的痛点不仅涉及产品，更多涉及的是服务。普通的经营者可能不具备强大的产品开发能力，但是却可以用自己的热情来为用户提供优质的服务，从而解决用户痛点。这也是许多微信小店经营者的痛点经营方针。

现在，通过外卖快餐来解决吃饭问题的消费者越来越多，但是激增的消费者数量也给餐饮行业带来了很大的压力和挑战。客户叫外卖难、等待时间长、客户投诉多等问题，已经成了餐饮行业发展的瓶颈。

面对这些迫在眉睫的问题，许多餐饮企业通过自己的网站或APP为客户提供网上下单的订餐方式。但是，这种网上订餐的方式也没能很好地解决餐饮业的行业痛点。对于客户来说，如何在众多的网站中找到合适的餐厅是一个很大的问题。对于餐饮企业来说，送餐人员对路况不熟等现实问题也会影响消费者的服务体验。

正是瞄准了这一行业痛点，广东立创软件开发有限公司的联合创始人邓立东先生在微信平台的基础上，创立了"外卖361"，将微信公众号打造为一个全能的外卖工具。

用户在就餐前，可以根据自己的口味、饮食需求等来选择辣味的程度、饭量的多少等。等待外卖的时候，可以通过微信菜单了解外卖是否已经送出，送外卖的服务员的联系方式，距离自己还有多远的距离等。如果需要催单，可以跟商家或外卖人员联系，还可以给外卖人员指路等。在用餐后，用户还可以对这次外卖的食品和服务进行点评和打分，有好评、中评、差评三个选项。

根据邓立东先生提供的数据，与"外卖361"展开合作的餐厅在使用该产品后，单店的外卖收入增长了51%，外卖利润增长了107%。因为"外卖361"不仅帮助餐厅提高了销量，而且也大大降低了外卖环节的运营成本。

"外卖361"之所以受到了巨大的欢迎，正是因为瞄准了行业痛点。在"外卖361"的具体功能中，订餐、催单、评价，其实都不是新奇的创意，但是它却将其有机地结合在了一起，从而产生了良好的化学反应。对于消费者来说，"外卖361"解决了一系列就餐难题；对于经营者来说，"外卖361"简化了自己的管理程序，提高了工作效率，而且也多了一个获取订单的良好渠道。

除了通过优化行业内的运作流程来解决用户痛点，还可以通过规范行业内的规则来解决用户痛点。

汽车售后服务市场的复杂乱象人尽皆知，广大车主对于爱车的售后服务有着强烈且长久的需求，但现有的4S店所能提供的服务却常常不能使人满意。反应迟缓、手续复杂、胡乱收费等现象普遍存在，经常出现车主需要服务的时候找不到人，不需要的时候又饱受广告骚扰的情况，造成的结果就是广大车主对4S店充满怨言，车商与车主渐行渐远。

而李明友开发的微信公众账号——"车商通"，瞄准的就是这一行业痛点。

使用"车商通"的用户，通过扫码就能够随时查看汽车的各个参数，并且可以随时查询汽车在什么时间需要做哪些保养和维护。到了需要保养和维护的时候，用户通过"车商通"即可完成各类服务预约。接受服务后，用户还能在"车商通"内对相应的4S门店进行评价。

此外，基于微信的各个接口，"车商通"为广大车主提供了丰富的服务场景。例如，当车子遇到事故抛锚时，车主只需要点击"车商通"内的"一键救援"按钮，就可以通过微信的位置接口向附近的4S店发送救援信息，在救援人员接收到救援请求后用户会收到通知，车主还可以知道救援车辆需要多长时间能够到达现场。

到目前为止，"车商通"已经覆盖了92个汽车品牌、1286家4S店，共拥有91万用户。

"车商通"为车主和车商搭建了一个相互沟通、交流的平台，双方可以通过这个平台建立最及时、最紧密的联系。通过"车商通"的应用，车主可以自行判断自己的爱车现状，需不需要维护、需要哪些维护等，而不是一味听信4S店的一面之词。通过将服务项目上传到网络平台，在一定程度上促进了4S店的收费公开透明化，如果4S店存在乱收费现象，很快就会被网友"道破玄机"。而诸如"一键救援"等功能，不仅方便了车主，也为4S店带来了业务，强化了服务能力。由于"车商通"的普及，汽车售后行业呈现出一派新气象，也让广大车主们能够安心享受到优质的售后服务。

除了"外卖361"和"车商通"，还有许多在微信上成功运营的企业，它们无一不是瞄准了用户的痛点。例如"把医院开在微信上"的广东省妇幼保健院，利用微信公众平台解决患者"看病难、看病挤"的大难题。据悉，其公众号仅运营不到30天，就产生了2000笔交易支付，交易总金额在8万元左右。再例如，泰康人寿在微信公众平台推出了一分钱出行险、天使爱心卡、飞常保、微理赔等多项创新产品，更是实现了泰康内部产品、运营、办公全流程微信化，随时给广大投保人提供在线咨询服务。

二、痛点在哪里

1. 有没有新功能

痛点是消费者未被满足的需求，且目前尚无解决方案或解决方案无法使消费者满意。如果你能开发出具备相应功能的全新产品，自然能在没有竞争对手且消费者疯狂追捧的环境下轻易取得成功，也就是我们俗称的"蓝海战略"。

2. 是否更便宜

价格是消费者永远的痛，没有哪个消费者会认为产品太过便宜。在产品基本功能不变的情况下，能否将成本压到最低，为用户提供更便宜的产品或服务？或者更极端的，你能否免费为用户提供产品？这听上去不可思议，但360正是通过免费战略完全占据了杀毒软件的市场。

3. 能否提高效率

你能不能把原本很复杂的事物变得简单，从而让消费者能够更加轻松、快速地使用？消费者讨厌复杂的东西，在互联网时代更是如此，帮助消费者提高他们的使用效率，就是对他们最好的服务和支持，高效率的产品更容易获得最大范围内的支持。为何电脑的视窗操作系统和鼠标被称为伟大的发明？因为它们让许多普通人也能够轻轻松松地操作电脑。

4. 有没有更好的体验

在产品的基本功能相似的情况下，能否为用户提供品质更高的商品或是更优良的使用体验？iPhone和其他智能手机在功能上并没有本质差别，但为何iPhone成了众人追捧的产品？因为它在所有的使用体验方面都比竞争对手的产品便利那么一点，好用那么一点。

无论从事哪个行业、销售哪一类商品，都可以从以上4个方面寻找痛点。痛点其实很好寻找，仅从我们个人来说，使用任意一款产品时，我们都很容易找到某项让我们感到不满意、不舒服的设计，这就是这款产品的痛点。所以，从广大消费者的角度出发，寻找他们普遍认同的痛点，是经营者的迫切任务。

寻找用户的痛点，经营者首先要明确主营商品种类，并定位好主要客户群。每一个消费者看待事物的角度和方式都是不同的，很难去寻找所有消费者共同的痛点，这样做意义也不大。只有真正急于解决痛点并愿意为此付费的客户的意见，对经营者才是重要的、有参考价值的。

在明确了主要客户群后，经营者就要针对这些客户开展调研工作，问题不外乎"你是否对当前的产品或服务感到满意""希望能有哪些改进""有没有好的意见建议"等。正所谓"爱之深，责之切"，某类产品或某个品牌的忠实用户往往能看得更加透彻，提出更加尖锐和深刻的问题。在做了周密的调研之后，我们要对消费者的意见进行总结，归纳出一两点消费者普遍认同的痛点。

有时消费者自己提不出确切的痛点，需要经营者自己去发现，这就要求经营者有丰富的从业经验，并且有着敏锐的洞察力，这样才能准确地发现产品或行业的缺陷和漏洞。寻找消费者的痛点可以从消费者的需求着手，未被满足的需求往往就会产生痛点。

不过，这也不是绝对的。比如，有许多人可能都对自己的长相不太满意，但是并非所有人都会选择整容，因为对他们来说，整容也是一件痛苦纠结的事情，于是在权衡之下选择了维持现状。而那些选择了整容的人，是因为维持现状给他们带来了更多的苦恼，所以才选择了改变。每个消费者心中都有一本"账册"，经营者想要寻找到消费者心中真正的痛点，就要学会读懂这本"账册"，也就是要解读消费者的心理。

而一些与经营有关的环节，也是消费者的痛点。举个最简单的例子，许多电商商家提供的包邮服务，其实就是瞄准了消费者痛点的一项举措。后来又有一些商家为了消除买家上网购物担心质量问题这一痛点，提供了7天免费退换货的服务。可随之而来又产生了新的痛点，退换货的邮费是需要买家承担的，许多买家感觉既麻烦又不划算，于是不了了之，独吞苦果。于是，有些商家又提供了退换货也包邮的服务，再次解决了买家的痛点。

在找到了消费者的痛点之后，经营者就要想方设法解决痛点，开发出针对客户痛点、解决客户不满的新产品。有些经营者认为自己只是个小商家，没有产品开发和制造能力，许多微信小店的经营者都属于这一类。没有研发能力，我们可以在现有的商品市场中寻找消费者没有注意到的商品或商品组合来解决消费者的痛点，这也是一种创新。如果消费者不是对产品，而是对某个行业的运作模式和运作流程感到不满，比如办事难、办事慢、环节琐碎复杂等常见问题，经营者就可以通过改进自身的服务水平或运作模式，简化环节来消除消费者的痛点。

在确定了解决痛点的产品或方案后，不能像普通产品那样去经营，而是要尽可能传播出去，让消费者认识到该商品或服务能够解决一直困扰着他们的问题。"酒香不怕巷子深"的时代早已远去了，在互联网时代，就要大声说出你自己的优势。

三、痛点解决方案

经营者展示痛点解决方案主要可以通过两种途径，一是商品详情页，二是信息的宣传推广。无论采用哪种途径还是两者相结合，我们在信息描述与推送时都应该按照以下几个要点来进行。

1. 在最开头就"一针见血"地指出痛点

无论任何信息，所有消费者最关注的部分肯定是标题和开头，所以从一开始就指明痛点能够保证信息的传播效果。而且，通过痛点描述，能够让消费者产生共鸣，从而引起他们的注意和兴趣。

2. 紧密结合痛点提出解决方案

消费者在看到你提出了痛点之后，他们首先想到的就会是"既然他提出来了，那么他一定能够解决这个痛点"，于是，这时消费者就会急于知道商家所给出的痛点解决方案。所以，经营者要根据消费者的心理，在提出痛点后紧接着描述自己的解决方案，而且该方案的描述也要直切主题、直击痛点，让消费者直观、清晰地看到你的商品或服务是如何解决他们的问题的，也就是让消费者快速看到商品的卖点。对于卖点的描述最好能够结合图片，现在的消费者都相信"有图有真相"，图片与文字相结合要比干巴巴的语言描述更加真切、形象。

3. 主次分明的信息展示

对于信息的描述一定要做到主次分明，尽可能用最简短的内容表现出最全面的产品特征。商品的卖点和优势应当是经营者详细介绍的重点，而对于一些与同类产品相同或相似的特点就不要过多地赘述，简要提及一下即可。在开头提出卖点之后，在结尾处应当再次强调，以此来强化消费者的认识和感受。

4. 通过对比来突出卖点

想要表现自己的卖点，对比是一个很好的方法，能更好地说服消费者。但是经营者在选择对比产品时，不要选择低端劣质的产品，这只能是自降身价。要和同领域中有一定口碑的产品做对比，这样才能更加凸显出相对优势，即便你的产品贵一些，消费者也会愿意接受。

寻找痛点，发掘卖点，这是许多企业和商家开发市场的方针和政策。微信小店的经营，不能仅仅拿低价和便利作为卖点，因为这是每一个微信小店都能做到的，对消费者没有足够的吸引力。唯有抓住消费者的痛点，"治疗"消费者的"痛处"，才能逐步培养用户忠诚度。

让你的产品被用户认可

想要消费者购买你的产品，就要先取得消费者的认可。让产品被消费者认可的过程包含三个层次：如何让消费者知道你的产品？消费者为什么要用这个产品？消费者为什么要选择你的而不是竞争对手的产品？如果经营者无法解答这三个问题，就无法取得消费者的认可。

一、如何让消费者知道你的产品

让消费者得知产品信息的过程即是经营者对产品的推广过程，也就是我们俗称的广告、宣传。产品信息的推送过程追求的就是快、准、广，要以最快的方式将产品信息最大范围地发送给目标客户群。

互联网的普及、社交媒体的成熟给众多从事个体经营的商户提供了强有力的工具。在20世纪，想要对产品进行大力的宣传，可以选择电视、广播、报纸等方式，但无论是哪一种，不仅花费不菲，而且有很强的滞后性，经营者难以控制和把握整个推广进度和效果。也可以采用宣传单、横幅等方式，但推广效果上要差许多。在进入互联网时代后，各种线上推广工具及平台的出现给了许多小商家更多、更好的选择，QQ、论坛、贴吧以及最新兴起的微博、微信等，这些新媒体推广方式不仅简单易行，而且也突破了传统媒体在时间和空间上的局限性，更重要的是，这些推广方式极大地降低了成本。

在具体推广工具的选择上，经营者不需要面面俱到，而是应当事先进行一定的筛选，避免浪费时间。比如，有些经营者的微信好友和QQ好友是基本相同的，那么从中选择一种方式进行推广便可以了，没必要在朋友圈进行"二次骚扰"。然后，还要掌握目标客户群平时最喜欢使用哪种交流工具，以此作为选择依据。比如有一些人既有QQ号也有微信号，但在微信推出后就很少使用QQ了，这时，经营者自然应该选择微信进行信息推送。

在时间和精力允许的情况下，你可以尽可能选择多样的营销方式，但首先应当选择自己最熟悉、资源最广的平台。如果你的微信好友多，就可以选择微信营销；如果你的微博粉丝多，就可以选择微博营销；如果你的QQ空间访客多，就可以选择QQ空间营销……

微信小店的经营者在推广时应当以公众号推广为重心。第一，微信公众号是开通微信小店绕不过去的平台，既然辛辛苦苦开通并运营了，就不应该浪费；第二，微信公众号是一个强大的推广工具，它具备了社交性和权威性两种特质，更容易得到消费者的信任和认可；第三，公众号和微信小店是一个紧密的整体，微信小店是公众号延伸出来的一个专业功能，公众号粉丝越多，活跃度越高，微信小店的受关注度也就越高。

二、消费者为什么要买这个产品

在被问到为什么要买这件产品时，许多经营者的回答往往是"能够为客户带来价值"。这个回答并没有错，但是实在太过宽泛，无法让消费者产生共鸣。

任何一件合格的商品都能带来一定的价值，但是不同的人对价值的感受是完全不同的。一个玩具在儿童心中的价值或许会等同于一套住宅在成年人心中的价值。不同的供求关系会让消费者对于商品的价值有完全不同的感受。在中东地区，比起昂贵的石油，普普通通的水对于一般居民来说更有价值，因为水在当地更加稀有。

所以，产品的价值并不是一个容易衡量的概念，经营者认为能带来价值的产品，消费者未必会认同。不同消费群体对价值的定义也不尽相同。经营者在选择商品、推广商品时，不能只想着这个商品能够提供哪些功用或价值，而是应当换一个角度，想一想消费者有哪些需求，然后再根据消费者的需求点设计或选择商品与服务。

曾经有许多忽视消费者感受的创新产品，尽管它们都能为消费者带来价值，但最终都在市场上惨败。比如无泡沫洗衣粉在推出后就受到了冷遇，因为消费者在使用时看不到泡沫产生，会认为洗衣粉质量不好，去污能力不强。尽管商家想方设法地向消费者解释，但消费者长期形成的固有观念很难改变。在电子商品市场中，随着技术的进步，有许多厂家都会推出质量更轻的新产品，从而让消费者使用或是携带起来更加方便，但是许多消费者却感觉商品缺乏质感或是偷工减料，因此反应平平。

随着商品市场的繁荣，消费者对于产品的需求不再局限于商品的基本功能，而是对产品的附加功能提出了更高的要求。比如，现在消费者挑选一款灯具，不可能仅仅因为照明效果好就选择购买，还会要求该灯具跟自己住宅的装饰风格相匹配等。十几年前，消费者买手机，只要能打电话、能发短信就足够了，但现在的年轻人买手机，如果手机无法上网，那么对他们来说就是废铁一块。

时代在变，消费者的需求在变，如果只是满足于为消费者提供最基本的产品需求，必然得不到消费者的认同。只有切实地站在消费者的角度考虑问题、发掘需求，进而选择商品、展示商品，才能受到消费者的青睐。

三、消费者为什么要选择你的而不是竞争对手的产品

消费者为什么要选择你的而不是其他人的产品？这个问题在商品繁荣、商品泛滥的当今时代愈发重要。你的产品与竞争对手相比有哪些优势？更好的商品自然会受到消费者的优先选择。

一般来说，消费者关注产品的以下几个要素：外观、性能、便利度、舒适度、价格。

产品的外观比许多经营者想象得更重要，设计精美的商品，会让消费者在潜意识中认为这是一件好商品。例如，苹果的产品首先吸引人的地方就在于其出色的工业设计。

性能是产品的基本功能指标，也是消费者选择该产品的最基本的原因，一般性能越强的产品自然就越有竞争力。看看智能手机市场，从双核到四核再到八核，手机生产厂商总是在不断地提高技术标准。

便利度是指产品是否易于携带，或者产品使用起来是否足够简单。从台式电脑到笔记本电脑再到平板电脑，便携化永远是产品进化的一个重要趋势。能够简单使用的商品不仅能为消费者提供便利，也方便更多的人使用和接受该产品。

舒适度是消费者的产品使用体验，如果一件衣服或一双鞋子看起来十分漂亮，但穿起来很不舒服，那么也不会有多少消费者愿意购买。

价格是所有消费者都会考虑的因素。相同或相似的两种商品，价格越低的自然就越有竞争力，有时，消费者甚至会放弃一部分功能而选择价格更低廉的产品。

消费者对于产品的评价和选择，都会从以上的一个或是几个方面来进行。如果你的产品能在5个方面都有优势，就一定能够展现最强大的竞争

力，取得某个市场上的"垄断"地位。不过，在真实的商业世界中，这几乎是不可能做到的，在一方面取得优势，就势必会在另一方面落下风。比如，产品性能更强，就需要投入更高的成本来获取；成本高了，产品的售价自然也就相应提高，在价格上就要趋于劣势。

所以，这需要经营者有所取舍，抓住消费者的关注重点进行商品选择以及信息推送。如果卖的是高端商品，消费者是高收入人群，那么他们可能对一点点价格差异不会斤斤计较，但是会要求最高的性能和最好的质量。

不过，并非所有的微信小店经营者都能找到优质的货源，如果你在产品上没有优势，那么也可以从服务着手，提供比竞争对手更好、更贴心的服务，以此来创造出属于自己的独特优势。

有了好的服务不代表一定有优势，你的服务有可能会被竞争对手轻易地模仿，或者服务本身缺乏决定性的吸引力，这时经营者就要通过强化关系来获取优势。面对产品和服务都相差不大的产品，你会选择在熟人的店面还是陌生人的店面购买呢？显然熟人的店面能让我们更加放心，而且出现问题时也能更加方便地交流，任何一个消费者都会有这样的心态。所以，一旦经营者能和自己的客户以及潜在客户建立足够牢固的关系，在其他条件处于对等甚至是些微劣势的情况下，也能具备比竞争对手更强大的产品吸引力。

唯一性，让自己无可替代

商品同质化和服务同质化如今已是一种普遍现象，而且这种趋势还将持续。商品同质化现象对买卖双方都有着很大的影响。对于买家来说，大量相同或相似的商品给他们的选择带来了更多的困扰。就拿淘宝购物来说，买家用时最多的环节往往不是搜索商品，而是在大量同类商品中不断纠结、犹豫。对于卖家来说，大量实力相近的商家相互竞争，使得所有店铺都很难从中脱颖而出，从而被迫将宝贵的时间和资金用在了宣传推广和吸引流量上。

对商家来说，如何让自己在消费者心中的形象变得与众不同、无可替代，成为经营者的最大目标和挑战。尽管有许多商家进行了大量革新尝试，但由于手段的局限性，很快就会引来大量的模仿者，从而陷入新一轮同质化竞争。传统电商平台的创新空间已经越来越小，于是，商家渐渐将目光转向了移动社交平台，由微信催生出的微电商让商家有了一个更新、更好的选择。

让我们来看一下网友"健身哥"是如何通过微信朋友圈，将普普通通的咸鸭蛋卖得火爆异常的。

"健身哥"以前在微信朋友圈卖过面膜等商品，不过那时他只是作为代理,帮着别人销售产品,咸鸭蛋这个产品是他独自策划的。开始他的策划思路是,以美味和营养价值作为切入点,以此来吸引朋友圈的关注。不过很快他就否定了自己的思路,因为这两个要素都缺乏卖点,很难引起消费者的共鸣。他参考了许多自己接触过或了解过的微信营销商品,发现真正热卖的商品,无一例外都饱含着一种情感或一个故事。于是,"健身哥"及时调整了思路,策划了一场情感营销。

"健身哥"是一位70后,他的朋友圈中大多以同龄人为主,对于他们来说,小时候能吃上一个咸鸭蛋是无比幸福的事情,"健身哥"就抓住了这种情感发送了一条微信:"还记得小时候在端午节吃的咸鸭蛋吗?现在的你还怀念那种味道吗?喜欢吃的朋友请留言,并写出爱它的理由,本人即会奉送一份咸鸭蛋。"

就是这么一条微信,立刻引来了360多位好友的围观评论,并有200多人点赞,人们纷纷将属于自己的咸鸭蛋故事拿出来分享。有人说,小时候家境不好,只有端午节时才能吃上一次咸鸭蛋;有人说,自己小时候只爱吃蛋黄,父母就默默地吃蛋白;有人说,只有腌制到蛋黄流油,才是一个好的咸鸭蛋,等等。

一条简短的信息,挖掘出了许多故事,引发了许多网友的怀旧情绪。这次故事分享活动结束后,"健身哥"拿出10盒咸鸭蛋送给了10位网友。在收到咸鸭蛋后,网友也都在自己的朋友圈中进行了分享,对"健身哥"的商品起到了宣传效果。

不光是收到了礼物的网友在积极地帮忙做宣传,许多受到了触动的网友都在自发地转发推广。"健身哥"之所以能得到如此多网友的信任和响应,在于他平时一直积极地维护朋友圈关系。"健身哥"不是什么网络达人,他最大的优势就是诚恳，对他来说，微信朋友圈不是一个纯粹虚拟的世界，而是现实世界的延伸，他对朋友圈中的每一个人都十分真诚。而且，平时他也喜欢分享自己的生活故事，比如自己的减肥经历、健身经历等，或是传授一些健康生活的常识，在朋友圈里深受欢迎。

众多网友的自发传播使得"健身哥"的商品很快就实现了大范围的传播。而且，无论是"健身哥"还是网友的传播，都没有很强的广告意味，完全是自己真实感受的传达，因此，网友的接受度很高。

"健身哥"在接单时，总是耐心地解答客户的疑问，灵活地为客户提供贴心的服务。有一些客户不会使用网银和支付宝，就问"健身哥"给他充话费行不行，"健身哥"爽快地回答"可以啊"。银行卡转账、微信红包、支付宝或是充话费，各种付款方式"健身哥"都不挑剔，客户自己选择最方便的方式。

"健身哥"这种直爽大度的经营风格自然受到了更多消费者的认同和欢迎，最终他的这次产品营销活动卖出了超过800份咸鸭蛋。

让我们来分析一下"健身哥"的这次营销策划。从产品上看，卖的只是普普通通的咸鸭蛋，没有任何噱头；从服务上看，也没有任何促销优惠。就是这么一个看起来没有丝毫亮点的营销活动，却轻松引发了网友的关注和追捧，主要就在于"健身哥"充分利用了微电商的特点和微信平台的优势。

"健身哥"的这次活动本质上算是一次情感营销，他没有拿咸鸭蛋的美味和营养作为卖点和宣传点，而是另辟蹊径，借咸鸭蛋来勾起微信好友的旧日回忆，发起了一个话题，引出了一串故事。在微信朋友圈的话题分享之下，咸鸭蛋早已不再只是一种食品，而是一个故事、一种感情，这是什么美味都无法取代的。

　　"健身哥"的产品信息之所以能快速传播并能轻松赢得网友的关注，主要是缘于微信朋友圈的大量转发，而网友之所以愿意主动地进行推广，又离不开"健身哥"平日对微信朋友圈关系的悉心维护。

　　"健身哥"在做买卖时，热心诚恳地对待每一个客户，尽可能满足客户的需求。其他一些商家可能不愿接受的条件他很爽快地就答应了，这在众多客户心中树立了一个独一无二的形象。

　　"健身哥"的营销故事带给我们的启发是，在微信平台上，你的个性更容易得到体现，从而更容易确立唯一性。比起产品和服务，你的形象和你与客户之间的关系才是难以模仿和复制的。传统的商业模式中，所有卖家给人的感觉是一样的，因为客户只能看到他们的商品，无法看到更多的故事。但在微信这个社交平台却不一样，你可以随时随地展现自己，与好友交流感情，这才是使你能够"鹤立鸡群"的捷径。

　　微信小店的经营者想要确立唯一性，就要善于增加自己的存在感，平时在经营之余，可以积极地将自己的生活片段分享到微信朋友圈，"晒一晒"自己的开心与幸福、伤心与尴尬。让自己的朋友多了解一下自己是一个怎样的人，这样，在他们的心中，才会将你当作一个真实的朋友，自然就与其他的经营者区分开来了。

　　我们也可以成为一个"邻家型"的经营者，有重大事件发生时，就及时在朋友圈里转发；有安全事故发生时，就在朋友圈里提醒好友们多加注意，等等。不要让朋友圈变得冷漠，多一些温情，才更容易产生信任和友谊。

　　微信朋友圈的信息推送不能仅仅停留在转发的层次上，要尽可能地增加原创内容，这样用户才有关注你的理由。同时，推送、分享的信息最好能够跟自己销售的产品有关联，这样才能将消费者的目光从微信或微信公众号转移到微信小店中来。比如，你在微信小店中经营粗粮类产品，那么就可以定期发一些食用粗粮的益处，以及粗粮的烹饪方法等。这样既避免了枯燥单一的广告推送，也能引发消费者对商品的好感和兴趣。

　　只要经营者能够在服务好客户的前提下坚持自己的风格，展示出自己的特点，就一定能够给消费者留下足够深刻的印象，让他们在购买相关商品时能够第一时间想起你、选择你。

增强用户参与感，买产品就是买感觉

消费者之所以倾心于某种商品，除了会因为这种商品能够满足他们的某种需求之外，也会因为这种商品能够给他们带来某种特殊的感觉，就是我们常说的用户参与感。当参与感和需求紧密地结合在一起时，一种消费习惯也就形成了。

注重用户参与感，是小米手机取得成功的关键因素之一。在竞争异常激烈的智能手机行业，技术并不占优势的小米一开始并不被人们看好，但是小米另辟蹊径，用粉丝营销的方式开辟出了自己的市场。有人说，小米营销的方式就和开演唱会一样，先找准市场，然后极力地包装自己，再利用各种预热宣传手段吊足消费者的胃口，然后在发售之时对粉丝发出邀请。这样一来，粉丝得到了满足，认为自己受到了尊重和重视，对小米的忠诚度自然而然地建立起来了。

现在的电商市场是口碑为王的世界，微信小店更是如此。经营者绞尽脑汁写十段漂亮的宣传语，比不上消费者的一句朴实的推荐。而制造口碑的基础就是要具备用户思维，一切以消费者的需求和感受为出发点，而增强用户参与感，就是用户思维的重要构成要素之一。

"乡土乡亲"是一家专门经营茶叶的企业，CEO赵翼十分认同增强用户参与感的经营方式，他利用微信公众号这个平台玩出了许多花样，让众多消费者买他的账，并成了忠实客户。让我们来学习一下"乡土乡亲"是怎样增强用户参与感的。

早年的"乡土乡亲"会通过微信来发起并举办线下的茶会，但是随着用户数量越来越多，举办统一的茶会已经越来越困难了，但是他们又十分想保留这个传统，于是根据不同的地域选择一位会员作为代表，由他来负责组织当地的茶会，而"乡土乡亲"则全程提供茶品、茶具等赞助物资。在茶会期间，没有人介绍"乡土乡亲"的产品和品牌，只是众多茶友间相互交流心得，这反而让用户对该品牌更有好感。"乡土乡亲"的这次革新，不仅没有荒废以往的传统，而且增加了用户的自主性，进一步增强了他们对茶会的参与感。

"乡土乡亲"的每一款新茶在上市之前都会进行封测，然后利用公众号将封测的详细信息传达给用户。封测的具体过程是这样的：首先通过一系列问题筛选出99位大众评审，全部从用户中产生，然后"乡土乡亲"会免费将封测产品寄给这些大众评审，同时附加一张十分严谨的封测表。大众评审在品茶后，主动打分并在微信朋友圈中晒出自己的评价。通过这种用户封测，不仅让用户感受到自己受到尊重，也让用户为"乡土乡亲"做了一次免费的宣传推广。

另外，"乡土乡亲"还会适时地发动会员分享自己的故事，这些真实的故事总是特别容易触动心弦，引发共鸣，常常会成为热门话题并吸引其他用户也主动分享自己的故事，这不仅增强了用户的活跃度，也进一步打通了口碑传播渠道。

"乡土乡亲"完全形成了一种社群文化，它就像是广大茶友的家，消费者在这里感受不到太多的商业气息，完全是以一种朋友的身份在沟通交流。不以商业为重心，而是以用户参与、用户自主意识为重心的经营方式，反而成就了"乡土乡亲"在商业上的成功。

增强用户的参与感，除了要在经营模式上采取相应的手段，最根本的还是要加强与客户的互动。

不少微信小店的经营者还在用传统营销的套路，仅仅将微信和微信公众号作为推送信息的渠道，根本无法发挥出微信的真正价值，也无法增强用户的参与感。微信小店的经营关键在于互动，而不是单向传播。微信小店在宣传和营销中，也应当坚持这一原则，强调互动，调动用户的积极性。

做好与用户之间的互动，经营者可以从两方面进行。

第一，向用户推送互动型信息。

不少商家在通过微信或是微信公众号向潜在客户推送消息时，往往会选择以下内容：商品信息、优惠信息、抽奖信息等，这类单向的、仅仅为了提高销量而编写的内容很难引发互动。用户看到商品或促销信息，了解了相关内容，交流就到此为止了，根本就没什么可说的。

但是，如果多发一些产品的使用技巧或是用户的使用体验，情况就会有所不同。其他用户可能会借机分享自己的一些产品使用心得或使用体验等，围绕这个话题就能顺利开展一场讨论。

如果你每天发送的都是一些乏味的、用户不感兴趣的内容，那么久而久之，用户对你的公众号和微信小店的感知度就会越来越低，最终，就会从用户的视野中完全消失。

第二，举行互动活动吸引用户积极参与。

微信本身就十分注重用户之间的互动，因此提供了许多方便的活动形式。比如，"365微信管家"就提供了大转盘、刮刮卡、优惠券、猜歌等多种活动方式，经营者可以根据喜好适时地发起一些活动吸引用户的参与。

有了活动的运营工具，活动策划也很重要。

开展活动之前，我们要先了解大多数用户的喜好，选择他们乐于参与的活动方式。在确定活动相关内容后，要进行全方位的宣传，尽可能吸引更多的用户参与到活动中来。

通过设置多重奖品来刺激更多人参与，奖品要有一定的吸引力，这样用户才会有热情和耐心参与活动。不要只设置单项的大奖，还可以设置一些参与奖，尽可能地扩大活动的参与基数。

对于参与活动的用户可以进行二次分组，每个参与的用户都可以根据其基本信息，按照性别、年龄、地域等要素进行分组，有利于商家进行后续的二次营销。

活动可以抓住节日或热门事件来开展，更容易引起用户的响应和参与。比如，在元宵节期间，商家可以举办"猜灯谜赢大奖"的活动，有由头的活动要比凭空举办的活动更有吸引力。再比如，"微信路况"曾开展了"微信晒罚单，送祝福"的活动，这样有创意的活动就很值得学习。

由于微信的互动是隐秘的，所以特别适合设置一些有奖竞猜的问题，一位用户回答正确不影响其他用户继续作答，然后通过所有问题的答案来统计各个参与者的积分，总积分较多的即可赢得大奖。

要注意活动参与的便利性，尽量全部设置选择题，让用户用选择的方式来参与作答，这样更节约时间，有利于提高活动的活跃程度。不要让用户自主输入答案，这样不方便用户参与，也不方便我们核对正确答案。

你所能提供的商品和服务，实体店和淘宝店也许都能做到，但是与潜在客户进行积极的互动，却是它们难以模仿的。在经营中要扬长避短，既然互动和参与感是微信小店的强项，就应当抓住这一点作为我们最强大的经营砝码。

用"高大上"的服务拉拢用户

服务是赢得消费者信任和欢迎的重要因素，作为新兴平台的微信小店，为用户提供优质的服务对取得良好的经营业绩更是至关重要。不过，一些经营者在提供服务时，总是容易陷入一些误区。

误区一：开通了公众号就一定能够做好服务。

一些经营者总是简单地认定，只要使用公众号就能为用户提供好的服务。他们总是认为通过公众号可以快速、大范围地将商品信息、促销信息等告知用户，这就是一种好的服务。不过，遗憾的是，及时推送商品或活动信息对经营者来说是乐于看到的，但对于用户来说，很多时候只是一种骚扰。

误区二：其他平台的服务方案可以简单移植到微信平台。

还有一些经营者在设计服务方案时，总是换汤不换料，平台换了，但是里面的内容却没有作任何改变，这并不是一种正确的服务思维。就拿和微信平台最相似的微博平台来说，有人觉得微信、微博感觉差不多，营销方案完全可以共通使用，但实际并不是这样。微博平台的商业模式更多的是以兴趣为立足点，而微信平台的商业模式则完全是以熟人关系为立足点。

误区三：提供了服务就一定能够拉拢客户。

有些经营者在提供了服务后会想，我的服务那么周到，微信小店肯定很快就能"门庭若市",这也不是一种正确的心态。你的服务好不好、到不到位,评判权在客户手里而不在你手里。无论你的服务多么卖力,如果客户不喜欢,也是白搭。而且,总是抱着这种急功近利的心态来提供服务,当结果不如预料中那么美好时,经营者就很容易陷入一种焦躁之中,反而更难发现自己的不足之处,造成恶性循环。

所以,微信小店的服务,要结合平台的特点,结合客户的观点和喜好来设计,为他们提供"高大上"的服务,这样才能够顺利地拉拢客户。

"高大上"的服务并不像一些经营者理解的那样,专指一些价格高昂的服务。比如,我们经常能见到一些汽车企业提供免费接送客户的服务,或是一些食品企业举行的免费参观原料产地的活动等,我们通常认为这种类型的服务是"高大上"的。不过,并非每一个微信小店的经营者都能如此"财大气粗",花大成本为客户提供类似的服务,绝大多数微信小店是做不到的。

"高大上"的服务的评判标准,不是看经营者花了多少钱,而是要看消费者感受到了什么,其决定权不在经营者手里,而是在消费者手里。所以,"高大上"的服务就是能拉拢人心的服务,就是让消费者感到贴心、舒心、暖心的服务。

提供"高大上"的服务,经营者可以从三个方面进行。

1. 做好基本服务

想要提供"高大上"的服务,首先要把基础打牢,和客户之间的交流如何做到热情、亲切又不失礼仪,是每一个经营者都应当注意并提升的。如果只是在追求服务的形式而忘记了服务的本质,那么服务就成了一种噱头,根本无法走进客户的心。

在打造基本服务之前，经营者自己应当先完整地体验一下微信小店上的整个购物流程，这样，在买家询问相关问题的时候，我们才能对答如流，而不是让自己看起来完全是一个门外汉。很多人都不了解微信小店，对微信小店的购物流程也不是特别熟悉，只有经营者自己先搞懂这些问题，知其然并且知其所以然，才能更快地为客户提供准确的解释和指导。

在没有生意的时候，也不要冷落潜在客户。做生意的时候，我们是商家与顾客的关系；不做生意的时候，我们就是单纯的朋友关系。这样的关系才是微电商中理想的客户关系。而朋友关系的建立和巩固，就需要我们日常生活中"不厌其烦"地相互交流和沟通。一些看似没有多大意义的寒暄和招呼，长久积累下来也能成为友情的纽带。

买家有可能24小时随时向经营者询问问题，或者随时在微信小店中下单，但是经营者不可能24小时一直盯着手机屏幕。很多时候，买家想和我们交流时，我们恰好在忙别的事情，如果一点回应都没有，难免会让买家感觉受到了冷落。这个时候，就需要我们设置自动回复来解答客户的简单疑问或者是让客户耐心地等待一下。

可能有卖家会有疑问，微信并没有像QQ一样的自动回复功能啊？其实，微信也可以设置自动回复，只不过要通过公众号来实现。

首先登录我们的微信公众平台，在"高级功能"选项中找到"编辑模式"并进入，然后即可进入"自动回复"的设置页面。如果之前没有开启自动回复功能，需要我们先手动选择开启，然后再点击下方的"设置"。在设置页面中，我们可以看到三种自动回复功能："被添加自动回复""消息自动回复"和"关键词自动回复"。

"被添加自动回复"是对方第一次关注你的公众号时系统做出的信息回

复。"消息自动回复"是对方无论发送任何信息,公众号都会做出的信息回复。一般,我们不推荐设置"消息自动回复",因为千篇一律会让用户感觉厌烦。"关键词自动回复"是对方发送带有关键词的信息时公众号所发出的信息回复。与前两种方式相比,"关键词自动回复"多了一个设置关键词的步骤。这种方式是值得推荐的。比如,一般与我们联系的买家都会先发一句"你好"或"在吗"作为招呼,我们就可以将这两个词作为关键词,这样,当买家跟我们联系时,就能第一时间做出答复了。

选择好相应的自动回复方式后,我们可以在右侧的信息编写栏设置自动回复的信息,可以使用文字、图片、语音、视频的组合,一般为了用户阅读信息的方便,我们只设置文字和图片。设置完成后点击"保存"就完成了。

自动回复的内容可以是对微信小店或是产品的一些基本信息的介绍,让买家先自行了解一些基本内容;也可以是请买家少安毋躁、耐心等待的安抚性语言,一有时间会立即回复。总之,设置自动回复的目的就是让买家感到自己并没有受到冷落。

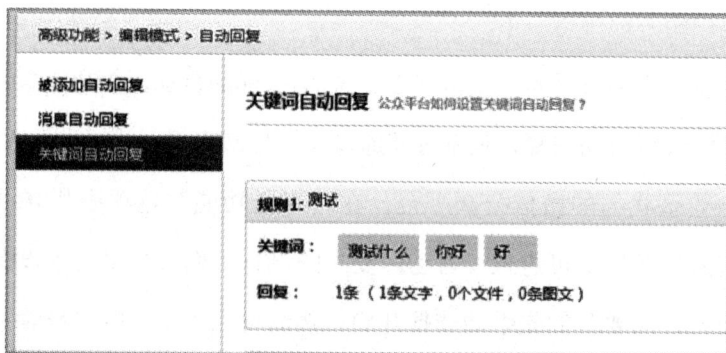

设置关键词自动回复

当你接待的客户多了,经营经验积累得多了,就会发现,客户问的问题大部分是相同的;与客户沟通时,遵循的语言套路也是相似的。所以,我们就可以针对各种情况来提前编写好快捷短语，这样，当客户访问量很高时，我们就能够迅速地回复客户。设置快捷短语，既能减轻工作量，也能提升我们的服务水平。

当客户第一次和我们联系时，欢迎词可以这样编写："您好，欢迎光临小店，很高兴为您服务，请问有什么需要吗？"节假日期间时，我们也可以加上节日的问候，例如"国庆快乐""新年好"等。如果我们的微信小店正在举办促销活动，也可以在欢迎语后面加上"小店正在举办优惠活动，无论新老客户，进店消费即可享受折扣，买到就是赚到"。

对于买家经常会提出的一些问题，我们也可以提前设置好一些回答模板。比如，买家可能经常会问卖家发哪家快递，你就可以提前设置回答："我们店默认发的是××快递，如果您那里收不到或是想使用其他快递可以告诉我，我可以给您发相应的快递"。

如果客户较多，回应的速度比较慢时，我们要主动地先道歉："亲，不好意思，现在店内客人比较多，我在按次序一个个回复，回复速度慢了请您多担待。"

当商品成功售出后，我们不要忘记向客户表示感谢："谢谢您的光临！如果有什么问题，可以随时和我联系。期待您以后能多光顾小店！"

这类快捷回复短语的种类非常多，我们可以在网上多搜集、多积累，选择适合自己的回复短语，再用自己的语言风格加以改编，渐渐地就能形成一套属于自己的回复方式。

这些服务看起来很普通，但却是构建"高大上"服务不可或缺的基础，否则，即便你的服务方案设计得很好，但客户却感觉不到你的友好和热情，效果会大打折扣。

2. 提供贴心、实用的创意服务

消费者不会关心你提供的服务花费了多少成本，他们只会关心你的服务是否对他们有用，是否有足够的创意。创意总是无处不在的，一些不起眼的生活小片段，也能为用户提供有创意的服务。

小杨的一天从一阵清脆的手机闹铃开始："Hello，你好，欢迎光临星巴克。"小杨关掉了闹铃，起床后梳洗准备一番，便踏上了前往公司的路途，顺便在楼下的星巴克买了一份优惠早餐。

这就是星巴克推出的"早安闹钟"服务，用户下载"星巴克中国"的APP，设定起床闹钟时间（最晚为上午9点），然后在闹铃响起的一个小时内，只要光顾任何一家星巴克的门店，就能在购买咖啡的同时，享受早餐半价的优惠。

星巴克的这项应用发布后，被粉丝大量转发，许多粉丝表示"闹钟实用，铃声有趣，这项优惠服务也很有创意"。

星巴克提供的这项服务很简单，其实就是把闹钟和优惠早餐结合在一起，但是取得的效果却出人意料的好。这项服务的本质就是将早餐的优惠信息植入很多人早上会用到的闹钟，同时为消费者提供两种服务。而且，通过这种方式，不仅能每天都向消费者传达信息，提醒他们前来消费，也避免了单纯的信息推送的乏味感，不会使消费者感到厌倦和反感。

所以，一项好的服务，不应该与生活脱节，而是紧密联系生活。创意总是在平凡中诞生的，经营者要善于观察，善于发现，同时要学会联想和改造，一项原本普普通通的服务经过你的改造或组合，可能就会变成消费者心中"高大上"的服务。

3. 借势提供针对性的服务

经营者要善于发现服务噱头，借助当前的关注热点来开展相应的服务，能够更加容易让消费者产生"高大上"的感觉。

让我们来看一下作为微信小店平台的成功范例"好药师"，是如何巧妙借势为消费者提供服务的。

2014年4月，"好药师"成为第一批开通微信小店的商家，很快他们就赶上了一个千载难逢的营销良机。2014年夏季，万众瞩目的世界杯开幕的时候，无论是实体店还是网店，都想借助世界杯这一重大事件推出相关的产品和服务，而"好药师"自然也不会错过这次机会。

看世界杯自然少不了熬夜，虽然许多专家都提醒球迷们不要过度熬夜，但是却很难阻止球迷们四年一度的热情。而"好药师"正是以球迷熬夜看球作为切入点，为广大球迷们推送了一些"必备装备"，比如"熬夜神器"、"美容秘籍""零食专场""强身必备"等等一系列商品，不仅让球迷们能够有精力看球，还能将熬夜对身体和精神的负面影响降到最低，受到了广大球迷的欢迎和追捧。"好药师"还推出了整合版的"世界杯礼盒"，集熬夜、清火、润心、养神等多种功能的商品为一体，一经上架便被广大球迷抢购一空。

此外，"好药师"还推出了"球星大竞猜！你猜我送，不要太Crazy！"的大型互动活动，根据世界杯的赛程、热点新闻、球星表现等信息策划了一系列竞猜问题，吸引广大球迷积极地互动和参与。

"好药师"世界杯期间的营销

"好药师"借助在世界杯期间球迷经常熬夜看球的契机，有针对性地推出了一批产品以及相关的活动，受到了消费者的一致好评，同时也让"好药师"在经营初期就迅速地在微信平台上打响了知名度。

在生活中，有许多能够成为我们服务由头和助力的因素，比如热点新闻、热播电视剧、热门电影等，往往能够成为一段时间内人们的关注焦点、舆论焦点。如果能够将这些元素融入你的服务，就能取得事半功倍的效果。

在韩剧《来自星星的你》热播期间，炸鸡和啤酒一时间成了热门食品组合，有许多商家不失时机地将炸鸡和啤酒作为店铺的赠品，虽然价值不高，但是却让消费者很有认同感。所以，营销并不一定需要投入大量的成本，让消费者因为你的服务自然而然地产生"高大上"的联想，就能够吸引消费者。

总结一下，经营者应当从小处入手，从细节入手，为优质服务奠定坚实的基础。同时要善于发现、善于创造，巧借外力设计创新服务，给客户带去"高大上"的消费体验。

针对不同人群展开精准营销

　　所谓"精准营销"，就是在精准定位的基础上，利用现代化的信息通信手段与客户开展相应的沟通，建立起个性化的客户沟通服务体系。

　　精准营销和我们以前所说的寻找目标客户群，根据目标客户群特点开展相应的营销活动有所不同。精准营销是在互联网思维的基础之上开展的一种更加细化的营销方式。

　　在互联网刚刚普及、搜索引擎刚刚崛起的时候，就出现了类似精准营销的思想。那时通常认为，男性客户最常关注汽车、财经、股票、游戏等网站，而女性客户更多地关注美容、时尚、服饰等网站，所以就根据目标客户群的不同到相应的网站上去投放广告。不过，这种营销方式只是一种近似精准，对于更加细分化的客户群体则很难去进一步界定。因为在过去，商家很难了解到消费者真实、详细的个人信息，一般而言，性别、年龄、收入，就是商家能够搜寻到的全部重要信息，以这些信息作为判断依据，产生出的结果自然无法做到十分细致。

　　不过，随着技术的进步，商家的精准营销手段也有了更大的提升。比如，现在的搜索引擎可以根据关键字来匹配广告，如果某一位网友经常在搜索引擎中搜寻同一件物品或提出相似的问题，搜索引擎就会自动将有关的商品信息推送给网友，这大大提高了营销中信息推送的准确性。再比如，云计算的广泛应用，使得对上网人群的轨迹的追踪、分析、预测、统计有了可能，这为精准的信息推送提供了更多科学依据。

而随着移动互联网和社交平台的普及，给商家提供了更多精确了解消费者的手段。如果经营者的微信朋友圈维护得很好，那么就能精确掌握客户的信息，同时保证信息有足够的精确性，这在过去是难以实现的。虽然这种针对每个个体的营销方式看起来有些低效，但是对于微信小店的经营却是最合适不过的。因为微信小店就是针对封闭的微信朋友圈的一种小范围经营方式，通过服务好朋友圈现有客户来扩大店铺的口碑效应，从而以最少的投入取得最佳的营销效果。

营销中的信息推送，简单地说就是"知不知道、喜不喜欢"。首先，要将你的产品信息告知消费者，让消费者有所了解。其次，要保证你的产品是消费者喜欢的、有需求的，否则消费者就不会关注。只有让消费者了解你的产品、喜欢你的产品，这样的信息推送才是有效果的，这就是精准营销的价值和精髓。

微信小店的精准营销，可以遵循五步走的战略方针：找对人、说对话、提供个性化服务、建立关系、融入感情。

1. 找对人

"找对人"就是要寻找目标客户群，这是精准营销的基础。只有找对了客户，营销工作才不会沦为无用功。在微信平台上寻找目标客户，不必像传统商业模式那样用信息进行狂轰滥炸。我们只需从微信平台中寻找出一些有明确意向的客户，向他们推送信息，将其作为我们的典型客户。只要你的产品和服务能够让他们心满意足，他们会自发地寻找和自己有相同兴趣和需求的亲朋好友，自发地传播商品信息。

2. 说对话

"说对话"是精准营销的内容，就是要根据不同消费者的喜好和习惯推送信息，只为目标客户提供他们想要得知的信息。相同的产品，不同消费者的关注点和兴趣点有可能会截然不同，首先了解不同消费者的喜好，然后以此作为依据设计营销内容，并推送给对应的消费者，这样才能更加准确地抓住消费者的心，吸引消费者的注意力。

3. 提供个性化服务

除了为不同的消费者提供针对性的信息和商品，在交易发生后，还要提供个性化的服务，进一步加深客户体验。比如，根据消费者的需求不同为他们提供不同的赠品，或是提供不同的售后保障。这样，一方面节约了商家在售后服务方面投入的成本，另一方面也能让客户感受到商家的细心和无微不至。

4. 建立关系

建立关系是精准营销的升华，精准营销不仅是为了精确地向消费者推送信息，最终目的其实是为了和消费者建立一种超越商业关系的联系。买卖双方的关系是经营者为消费者提供针对性的信息、商品和服务后自然而然产生的一种结果，但是需要商家进一步地巩固和加强。在交易完成后，经营者可以定期询问消费者的使用感受，让消费者主动提出意见和建议，并尽可能地予以解决，从而增强消费者的信任与好感。

5. 融入感情

与消费者建立起密切的关系后，经营者就能更加方便地融入感情，在日常的沟通交流中，经营者可以主动地与客户寒暄，探讨共同感兴趣的事情和热点事件等。而这种感情的加深能为商家带来强大的口碑效应，不需要经营者主动去沟通或请求，客户就会自发地帮助你宣传和推广。

精准营销，就是充分地尊重消费者的个性，只将针对性的内容提供给有兴趣、有需求的消费者，而不去"骚扰"其他的消费者，这正是互联网用户思维、服务理念的真实体现。

第七章
追趋势：微电商，未来存在无限可能

上一个十年，电商在我国生根发芽；时至今日，已经是一个全民网购的时代。这一波电商浪潮成就了一批创业者，让许多白手起家的人获取了巨大的财富。当然，也有更多的人因为错过了这个机遇而扼腕叹息。时代发展的脚步不会停止，移动互联网正不断取代传统互联网，微电商也在坚实的电商格局中打开缺口。新的趋势已经有了端倪，这次机遇你还会错过吗？

阿里巴巴"IPO效应"：电商才是市场发展主流

2014年9月19日，阿里巴巴正式在美国纽约证券交易所挂牌上市，首个交易日即以93.89美元的价格报收，较发行价上涨了38.07%，以惊艳的表现成就了美国史上最大融资规模的IPO（首次公开募股）。除了有着直接关系的中美两国对阿里巴巴IPO密切关注之外，从欧洲到南美，可以说全球都在热烈讨论阿里巴巴的成功及其所带来的一系列影响。许多国外的新闻、财经节目、脱口秀等，都在阿里巴巴上市期间进行了大量追踪报道以及各类分析，阿里巴巴瞬间成了投资行业和科技行业关注的焦点。

事实上，在几个月之前，马云正式向纽交所提交招股文件后，数月以来外界对阿里巴巴关注的目光就从未离开过。业内人士的大量数据研究都表明，阿里巴巴的上市将是"史诗级别"的。

百度于2005年在美国纳斯达克上市之时，中国企业还不像现在这样引人注目，在许多人眼中，百度只是一个"有潜力的，还算不错"的公司。即便如此，百度IPO当天收盘时，股价较发行价相比上涨了3倍以上，取得了令人震惊的成绩。就在阿里上市几个月之前，仅成立不到4年的聚美优品于5月16日在纽交所上市，交易当天的涨幅也达到了9.91%。

众多前例表明，中国企业已受到了世界的关注的热捧。而如今，阿里巴巴的发展可谓是"渐入佳境"，阿里在上市前的规模和市值远远超过了上市前的百度和聚美优品。这样一个"庞然大物"宣布上市，其引发的震动和连锁效应可想而知。

最终，在阿里巴巴IPO当天，也正如专家之前预计的一样，阿里巴巴创造了历史，总筹资额为218亿美元，成为美国市场有史以来规模最大的IPO交易。这个数额，远远超过了Facebook曾经创造的160亿美元的融资额纪录，将众多科技界的明星企业都甩在了身后。

阿里巴巴成立于1999年，成立没多久就遇上了有史以来最大的"互联网泡沫"，许多互联网公司纷纷倒闭，众多投资于互联网企业的人也都遭遇了破产危机，当时的中国，还处于互联网没有普及开来、许多人对电子商务一无所知的环境。"互联网泡沫"让许多人遭遇了财产和心灵上的伤害，令许多人"谈网色变"。

阿里巴巴面临的大环境有多么恶劣可想而知，产品无人认同、无人接受，融资没人搭理，被人视为"骗子""传销"，马云在当时受到了无数的质疑和谩骂。阿里巴巴在成立数年之内都没有一丁点收入，只是在不断地投入资金，马云四处筹集资金，勉强维持着公司的运营。在种种困境之下，马云始终坚信电商的发展前景，始终坚守随时有可能分崩离析的公司，最终迎来了"拨云见日"的时刻——互联网不断普及，电商的优势逐渐为消费者所接受。作为先驱者的阿里巴巴也最终成了电商领域的大佬。

就在阿里巴巴上市之后，马云在两份榜单上登顶。一个是福布斯中国富豪榜，他的个人财产从2013年的71亿美元飙升至2014年的195亿美元。另一个是胡润慈善榜，2014年马云共捐出145亿元人民币。胡润本人表示，这是中国首次出现首富与首善是同一人的状况。

马云个人财富的激增只是阿里巴巴IPO带来的影响中最微观的方面，放眼整个世界市场，其所带来的影响更是惊人。

在阿里巴巴向纽约证券交易所正式提交公开募股书后，市场上的大小投资者纷纷套现，甚至不惜卖出市场前景非常好的股票，为的就是筹集现金来购买阿里巴巴即将发行的股票。

阿里巴巴IPO的筹资额为218亿美元，这意味着其将聚拢市场上很大一部分的资本力量，一些希望通过IPO筹集资金的中小型企业都不得不将自己的IPO日期延后，以确保能够顺利地募集资金。还有一些互联网公司也将自己的IPO日期推迟到阿里巴巴IPO之后，他们希望借助阿里巴巴的势头增加投资者对自己的关注，以便能取得更好的IPO成绩。可以说，所有意欲在2014年上市的公司都在看阿里巴巴IPO的"眼色"行事，以此决定着自己的行动方略。

此外，据相关媒体分析，阿里巴巴IPO将带来更大的蝴蝶效应。阿里巴巴在美IPO，意味着阿里巴巴将要正式踏上国际化道路。阿里巴巴曾先后与新加坡邮政、澳大利亚邮政合作，并与韩国等国家签订了物流的建设协议。同时，它还与法国、韩国、意大利等国签订备忘录，推动这些国家允许中国游客使用支付宝作为购物的金融工具并进一步拓展合作深度。这一系列合作都是阿里巴巴在为国际化电商之路做准备。相信在不久的将来，阿里巴巴能在世界范围内成为亚马逊、eBay等电商巨头的最大挑战者。

阿里巴巴的国际化进程，势必能为中国出口创造更有利的条件。近年来，中国"世界工厂"的地位不断受到威胁，连续多年的出口下滑，让中国经济出现了暂时性的低迷。中国的产品出口需要经过大量贸易商，而贸易商从中牟利就使得产品出口的成本大量增加，从而使出口的产品价格居高不下，再加上美元贬值等外在因素的影响，就更加剧了这种不利局面。而阿里巴巴的国际化就能够减少贸易商这个中间环节，从而增加中国产品在世界上的竞争力，刺激出口。

阿里巴巴IPO带来了大范围的深刻影响，而这种种影响归根结底是由于电子商务的巨大发展前景。"在未来的商场中，要么做电子商务，要么就无商可务。"这句马云曾经的预言如今已经成了现实。国美、苏宁等一批曾经的实体业巨头，如今也将更多的精力投入到了自身的电子商务平台建设中去，没有人还会对电子商务存在轻视和质疑。

90后微信开店月入2万元：他如何创造佳绩？

詹思传，生于1990年的他和许多同龄人一样，爱聊QQ、泡论坛、刷微博、玩微信。他原本在一家国企上班，每天朝九晚五，被领导呼来唤去。一成不变的安稳工作，逐渐让他心烦意乱、心生厌倦。于是，他不顾家人的反对，辞去了这份安稳的工作，回到了自己的家乡宁德开始创业。如今，他在微信上全职经营"土货"生意，仅仅过了4个月，就创下了月入2万元的佳绩。

詹思传每天的生意是从前一天晚上开始的。每天晚上，詹思传打开微信，开始整理一天中接到的订单，并做好详细记录。第二天一早起床，就根据订单准备好相应数量的土鸡和土鸡蛋。大概9点左右，詹思传打包好今天一天要送的"土货"，骑上摩托，从家中出发，用20分钟左右的时间到达宁德市区送货，日复一日，形成了固定的活动时间表。

学过物流专业又对市区路况十分熟悉的詹思传，每天出发前都会根据客户的住址提前设计规划好线路，之后再按次序将货物一一配送到客户家中，送完货刚好绕了市区一整圈。"这样比较省油，更重要的是，可以节约时间。"詹思传透露说。

就在一年多前，他还是泉州市一家国企公司的职工，主要从事LED晶片生产工作。在工作之余，詹思传看了许多营销类以及创业类的书籍，正是通过阅读这些书籍，一个"创业梦"在他的心中渐渐萌芽并茁壮成长起来。"趁年轻就要拼一把"，感觉到自己的创业欲望越来越强烈，2013年春节过后，詹思传便辞去了稳定的国企工作，决定自己创业。

但是詹思传的父亲对儿子的行为十分不理解，对于父亲来说，孩子辛辛苦苦考上大学、读大学，为的不就是找一份好工作吗？如今好好的工作为何又不干了呢？于是他劝儿子再找一份安安稳稳的工作。不过，铁了心要自主创业的詹思传没有听从父亲的规劝。2013年3月，詹思传在宁德市区开了一家电信代理店，经营卖手机、缴话费、办理宽带等业务。看到詹思传做的事情还算"靠谱"，父亲便不再反对了。

可好景不长，刚开始，詹思传凭借自己手头上的各种人脉资源，手机生意还算不错。可时间一长，自己手里的人脉资源已经"消耗殆尽"了，而詹思传又想不出好的营销推广方案，手机店的生意一天不如一天。

不过，詹思传并没有因为这次打击就一蹶不振，而是敏锐地搜寻着新的创业机遇。一个偶然的机会，詹思传应一位朋友的邀请，加入了一个名为"闽东宁德同城交易"的QQ群。该群的群友都是宁德本地人，许多人都在群里进行各类商品交易。一天，一位网络公司的老总在群里问："哪里可以买到正宗土鸡？"詹思传便随口答道："我家就有正宗的土鸡啊。"

原来，詹思传的父亲从事农业养殖多年，还是"科技示范户"，家里一共养了20多只土鸡。不过，以前他家养的土鸡以及产下的土鸡蛋，大部分都是自家食用或送人。

詹思传在QQ群里和这位想要买土鸡的网络公司老总进一步交流，最终成功将一只土鸡卖给了他。这个偶然的事件给了詹思传新的创业启发，从此他开始留意身边对土鸡或土鸡蛋有需求的人群。他还在QQ群内做了一次小调查并发现，在宁德市爱吃土鸡、土鸡蛋的人占到被调查者的30%，而其中80%的人都不知道该去哪买正宗的"土货"。

詹思传感到这是一个商机，便萌生了做土鸡和土鸡蛋生意的心思。于是，他开始在自己开的手机店门口贴宣传单，当有客户来店内充值缴费时，他就顺便做一下宣传，通过这种方式发展了一部分客户。不过，仅靠这样的"零敲碎打"没能取得显著的成效，詹思传的"土货"生意刚开始开展得并不顺利。

他意识到想要取得成功，必须要更加全身心地投入，2014年年初，詹思传向父亲提出了要通过网络全职销售土鸡和土鸡蛋的想法。他的父亲从事了多年的养殖行业，从没想过要做土货销售，对网络更是一窍不通，所以认为这件事并不靠谱。在双方僵持不下之际，詹思传无奈只好向父亲立下"军令状"："先让我做3个月试试，如果卖不动，我就听你的找个工作去上班。"父亲这才答应了詹思传的请求。

作为一名90后，詹思传从小就与网络打交道，下定决心通过卖"土货"创业的他，便想到用网络这种他最熟悉、最喜欢的方式进行推广。"我是一个微博达人，自微博刚普及开来时我就非常频繁地刷微博，以至于我的朋友一打开微博，看到的信息全是我发的。"詹思传说，"我的营销方式其实很简单，就是在微博里直接发农场里的土鸡照片，等待潜在用户主动与自己互动沟通，并没有刻意地去宣传推广。"

后来，詹思传发现微信比微博的推广效果更好，便改变了推广重心，逐渐"转战"微信。"微信可以一对一营销，也可以一对多营销，灵活性更好，而且客户跟我交流下单也更加便利。此外，微信的功能也非常强大，比如'找附近的人'，我的很多客户都是通过这个功能发掘出来的。"詹思传透露说，"如今我的微信里有400多个好友，其中300多名都是我的客户或潜在客户。"

2014年1月中旬，詹思传在微信上做成了第一笔生意。"那个客户说要下农场看看，本来我也没太在意。过了一两天，没想到他真的开车来到了我家，我那个时候特别激动地接待了他。"詹思传兴奋地说道。第一次客户来访，最后买走了一只小母鸡和两斤土鸡蛋。而且，客户还将自己在农场拍摄的照片上传到了自己的微信中，并写上了"原生态土鸡"的评语。詹思传特别兴奋地给他点了"赞"，还把客户的评价截了图，存在手机里作为纪念。

通过这次生意，詹思传对微信营销更加有信心了，他趁热打铁，申请了微信公众号，准备用更加正规、专业的方式和内容吸引更多客户的关注。

正当詹思传的"土货"生意开始有了起色之后，很快他又遇到了一次严重的创业危机——禽流感。很多已经订了货的客户都因为这突如其来的变故而取消了订单，詹思传在转瞬之间就面临着毫无生意可做的局面。不过詹思传并没有因此就惊慌失措，也没有着急地去强行推销自己的商品。"遇到这种'天灾'也是没办法的，我也理解消费者的担心，所以也没打算去宣传自己的商品是健康无害的，只是像往常一样和客户聊天。"詹思传说道，"因为我知道这段时间终究会过去的，只要客户还在，客户关系还在，很快就能够东山再起。"果然和詹思传预料的一样，这次危机并没有持续很长时间，没过多久，又开始有许多新老客户频繁下单了。

通过微信营销和客户间的口碑传播，詹思传的"土货"生意越做越大，如今，詹思传的土鸡养殖规模已经发展到了1000多只。"1月份的时候，一天最多只能卖掉两三只土鸡，现在每天至少都能卖五六只，最多的一天卖掉了14只土鸡。"詹思传说，"有时订货量太多，还要一天内分时段多次送货。"此外，他还表示，随着生意的扩大，有雇人送货的打算。

"我现在的经营模式是把农场和城市连接，客户可以自行开车来农场购买，我也可以提供送货上门的服务。"谈到未来发展，詹思传说："接下来我还准备卖一些有机蔬菜，等到农场的规模再扩大一些，我还打算把农场打造成亲子农场，让客户自己体验摘菜的乐趣，将'土生意'做到极致。"

总结90后小伙詹思传的生意经，我们来学习一下他的成功经验。

首先，创业最重要的就是决心，这是每一个创业者都必须具备的心理素质。创业绝非许多人想象的那样简单和美好，据统计，有超过90%的创业者的首次创业都以失败告终。而且，当你决定创业之时，势必会受到来自家人和朋友的压力，如果意志不够坚定，在他们的反复劝说之下，可能你还没创业心里就已经虚了。所以，创业之前，首先问问自己，是否敢于接受这严酷的挑战，是否能在屡次遭受失败后从头再来。

詹思传的首次创业也是以失败告终，他的手机店在开业不久后就陷入了经营困境并最终无奈关门。但他没有因为这次挫折就丧失信心与动力，而是不断地与"同行"们交流，寻找着新的创业机会。

其次，创业要勤于观察，善于把握，找到最适合自己的创业项目。许多创业者看到现在各行各业竞争都十分激烈，总是试图标新立异，寻找让人意想不到的全新创业项目，可最后的结果通常是把自己的创业热情都消磨殆尽了，也没有找到"完美"的创业项目。任何一个创业项目想成功都不容易，好的创业项目未必就没有竞争对手。成功的关键在于找到自己的资源优势，比如货源、技术、门路等，然后找到客户，你会发现，一些"土得掉渣"的创业项目也能很快取得成功。

詹思传因为一个偶然的机会发现了卖"土货"的创业机遇，但他不是病急乱投医，他选择这一行是有充分依据的。他有第一手的优质货源，他的父亲就是他的"技术顾问"。而且通过市场调研，他发现"土货"生意需求量很大，但市场中却较少有专门的销售商，许多消费者不知道到哪买"土货"，也担心市场上买到的"土货"不正宗。所以，这个不起眼的创业项目具备了多个成功要素，有什么不去尝试的理由呢？

最后一点，创业成功离不开客户的支持，寻找客户也是创业阶段最困难的事情。因为找货源、找项目、考察市场，这些工作的决定权都在创业者自己手里，只要努力就能取得成效。但是购买的决定权在客户手里。不要因为在市场调研中客户对你的商品反响很热烈就认为万无一失，他们也有可能只是凑热闹而非真正有需求。记住，在客户掏钱之前，你的创业项目都不算成功。

有许多经营者会说，一次不成交没关系，只要始终保持沟通，总有成交的一天。但是现实往往没有这么简单，一旦客户这次拒绝了你，如果你还是一直向他发送信息，很容易引起客户的反感。而一旦你长时间没和客户联络，他又会很快将你忘得一干二净。

传统商业模式最大的弊病就在于买家与卖家之间通常只存在一种商业关系。我们常说，要和客户建立一种超越商业关系的友谊，但遗憾的是传统商业模式中，买卖双方的友谊往往是建立在多次交易的基础之上的。不过微信电商则不同，完全可以做到跟朋友圈里的人先做朋友，再做生意。平时消费者没有下单时，就相互交流一些生活中的琐事，消费者不仅不会忘了你，反而会对你更加信任有加。詹思传的"土货"生意之所以能在遭遇禽流感后又迅速地火起来，就是因为他没有强行推销，而是与老客户和潜在客户始终保持着日常的感情联络。

不畏挫折的精神，具备市场前景的创业项目以及借助微信平台培养起来的客户关系，正是这三个要素相结合，才成就了这位90后小伙的创业佳绩。

微电商，大影响

结束了一天的辛劳，正走在回家路途上的白领小陈拿起手机，进入自己关注的一家快餐厅的微信公众号，在众多诱人的美食中选择了几种。小陈将订单信息发送给店家，并通过微信完成了支付。回到家没过多久，负责送外卖的店员就将刚刚他在手机上预订的饭菜送上了家门。小陈一边享用着美食，一边用手机给店家打了个好评。

你可不要认为这只是关于在大城市中某些喜欢追求潮流的消费者的少数案例，移动互联网正在以超乎人们想象的速度不断蔓延。据艾瑞网统计，到2014年第二季度，中国的智能手机持有者已达到了5.56亿人，而仅在一年之前，这个数据还只是4.5亿，可见，智能手机的普及速度相当之快，这为移动互联网的普及打下了良好的基础。

如今我们的生活已经发生了哪些新的变化？晚上和朋友吃饭，可以先拿出手机搜索餐厅，一边看介绍一边做对比，挑一家喜欢的餐厅并在线预订好座位和时间，时间一到，直接去吃饭，不用再辛苦地排队等待。吃饭的时候，觉得哪个菜好吃就顺便拍个照片，上传到微信朋友圈晒一晒，与好友分享，或是进行推荐。吃完饭，去逛商城，看到感兴趣的商品，就拿起来扫描一下二维码，用手机比比价格。购物的同时还可以同时登录网上商城预订几张电影票，在逛完街后，不用再排队等待，直接取票进场看一场精彩的电影……这一切美好的情景，微电商都能够帮我们实现。

微电商是在移动互联网之下产生的一种全新的电商模式，借助移动互联网这个基础，以微博、微信等社交软件为工具，产生了诸如微店铺、微秒杀、微返利、微团购、微卖场等一系列微电商形态。

微电商多以"小而美"为特色，选择更专一的商品，提供更加个性化的服务，瞄准细分市场，被称为"每个人的电子商务"。传统的电商模式如今已经演变为砸钱、血拼的经营方式，拼命吸引流量成了传统电商争夺的焦点，从淘宝、京东、苏宁这几大电商巨头之间展开的"电商大战"中就可见一斑。

而微电商则全面降低了电商的经营门槛，为小微企业甚至个人提供了更好的参与机会，让世界真正踏入"全民电子商务"的时代。而多元化、人性化、个性化的购物方式和售后服务也必定会将整个电子商务的购物体验提升到一个新的高度。作为普通消费者，也一定能从微电商中获得更多的实惠。

"口袋通"的创始人白鸦表示："在未来，手机会是人们的大脑，而移动电商则会是未来商业的中枢神经。"相信这必将是一则在不久的将来就能实现的预言。

2014年是我国移动电商领域发展的关键一年。众多微电商平台及工具的出现预示着移动电商即将迎来井喷期。微电商势必会成为继2002年互联网电商发展后的又一次电商趋势的引爆点。

人们的网络生活正从电脑平台向手机平台发生转移，而以电脑为基点的传统电商势必会受到影响，消费者希望在手机平台完成电商交易的诉求变得越来越强烈。现在，人们的消费场景已不再局限于淘宝、京东等传统的大型电商平台，微信、微博、陌陌等私人化的小型平台也成了消费者的网络购物新选择。

　　零售业正在改变，传统电商正在受到冲击，在新的微电商时代里，经营者以往的经营经验都将归零，需要去学习新的模式、新的规则、新的技巧，这对每一个经营者来说都是很大的挑战。

　　在微电商时代，对于一个经营者和一个品牌来说，能够卖出去多少件产品不是最重要的，成败的关键在于经营者能不能通过各类通信工具、社交工具建立起一个网络社群，跟每一位客户建立联系，并跟一直保持良好的沟通与互动。这一切，都需要经营者自己去钻研和积累，没有人能代替你做这些工作。经营者专心将服务做好，消费者自然而然会主动地找你。

　　优秀的经营者会在微电商时代将服务做成一种文化，并用这种文化去"感染"消费者，受到文化"感染"的消费者会成为你的忠实客户，并主动与朋友分享并推荐你的产品，这是微电商时代理想的商业形态。

　　影响正在发生，变革即将来临，这对于广大正在创业或意图创业的经营者们来说，都是一个难得的机遇。渴望成功的创业者们，你们做好准备迎接微电商这一巨大的变革风暴所带来的机遇了吗？

趋势如马，骑上去才能马到成功

腾讯的创始人马化腾说过："趋势就像一匹马，如果在马后面追，你永远都追不上，你只有骑在马上面，才能和马一样快，这就叫作马上成功！"

趋势总是在人们沉浸于过去的时候突然发生，趋势到来的时候，连惊讶的时间都没有。

当摩托罗拉还沉醉在自己的V8088的"完美无缺"中时，不知道诺基亚早已迎头赶上；当诺基亚成了手机业界的巨头，完全"统治"手机市场时，苹果的iPhone气势汹汹地到来，瞬间便改变了手机的设计理念，随后诺基亚在短短几年之内迅速陨落。而当iPhone成为人人追捧的"街机"时，三星瞄准了苹果的空白市场，忙得不亦乐乎，不经意间，三星就已成为全球手机销量第一的企业。

短短十几年间，手机市场便已数次"改朝换代"，巨人们的崛起和陨落，总是那么迅速且突然。人们曾经认为诺基亚永远不会倒闭，但是诺基亚从巅峰到衰亡的速度超出了所有人的预料。后来，人们又觉得苹果会始终占领手机市场的制高点，定义业界的发展趋势，但现在，三星、华为、LG……众多知名企业都向苹果发起了猛烈的冲击和挑战。

没有永远的胜利者，也没有永远不变的趋势。不是这世界变化太快，而是你看得不够透彻。如今的时代已经不只是不进则退了，即便你一直在向前跑，也随时都有可能被人远远地甩在身后。

　　每当一次新趋势到来的时候，都有无数人在经历"看不见、看不起、看不懂、来不及"的循环，然后在无止境的后悔当中感叹一句"如果当初……"看见趋势、看重趋势、看懂趋势、赶上趋势，你加入得越早，就越容易取得成功，如果连趋势的"末班车"都没能赶上，你就只能在无尽的懊悔中当着"事后诸葛亮"。

电子商务发展趋势

　　电子商务领域发展得越来越热闹，传统电商刚刚迈入巅峰，移动电商就来发起挑战，这两者之间的较量和促进必将使整个零售业都形成一个强大的电子商务产业集群。在未来，实体商店将会转化为产品体验及售后服务的终端，而产品的销售则完全由电子商务来完成。移动电商是将取代传统电商还是与传统电商共存，现在没有人知道，但是移动电商必将成为一种强大的发展趋势，这是毋庸置疑的。

赶上趋势，是一种见识，更是一种勇气！这世上没有天上掉馅饼的好事，想要取得成功，就势必要承担一些失败的风险，想要寻求安稳，等待你的只有庸庸碌碌的生活。而对趋势的判断和把握越是正确，你所要承担的风险就越小。通常，不会有人能准确地告诉你下一个趋势在哪里，但如今，电商领域鼎盛的繁荣与巨大的发展前景为我们指明了一个新的趋势。如果现在仍不去把握，那么不仅是没有见识，更是没有勇气的表现。

趋势已清楚地展现在每个人面前，但并不是所有人都能抓住机遇。现在，微信小店和微电商这个全新的趋势就摆在你面前，这回你是要先知先觉成为创业者，还是再次错过这次时代的机遇呢？